Cuaderno de c

ESPAÑOL ESCRITO

Curso
para hispanohablantes
bilingües

SEXTA EDICIÓN

Guadalupe Valdés
Stanford University

Richard V. Teschner
The University of Texas at El Paso

Héctor M. Enríquez
The University of Texas at El Paso

PEARSON
Prentice Hall

woɐ∟d
Languages

Upper Saddle River, New Jersey 07458

Sponsoring Editor, Spanish: *María F. García*
Editorial Assistant, Spanish: *Amanda Staab*
Director of Marketing: *Kristine Suárez*
Senior Marketing Manager: *Denise Miller*
Senior Managing Editor: *Mary Rottino*
Project Manager: *Manuel Echevarria*
Project Manager: *Jill Traut*, ICC Macmillan Inc.
Prepress and Manufacturing Buyer: *Cathleen Petersen*
Cover Art Director: *Jayne Conte*
Cover Image: *Courtesy of Mauricio Mora; title of art, "Toro"*
Manager, Cover Visual Research and Permissions: *Karen Sanatar*
Marketing Coordinator: *William J. Bliss*
Publisher: *Phil Miller*

This book was set in 11/12 Palatino by ICC Macmillan Inc. and was printed and bound by Bind-Rite Graphics/Robbinsville.

© 2008, 2003,1999 by Pearson Education
Upper Saddle River, NJ 07458

Printed in the United States of America
10   9   8   7   6   5   4   3

ISBN   0-13-174801-7
            978-0-13-174801-9

Pearson Education LTD., *London*
Pearson Education Australia PTY, Limited, *Sydney*
Pearson Education Singapore, Pte. Ltd.
Pearson Education North Asia Ltd., *Hong Kong*
Pearson Education Canada, Ltd., *Toronto*
Pearson Educación de México, S.A. de C.V.
Pearson Education—Japan, *Tokyo*
Pearson Education Malaysia, Pte. Ltd.
Pearson Education, *Upper Saddle River*, New Jersey

Contenido

Capítulo 1

Genio y figura hasta la sepultura

Actividad C1.1 Mark with an **X** the examples of silent **u**. Then read the entire list out loud.

——— 1. aquí	——— 12. escuela	——— 23. queda
——— 2. seguida	——— 13. julio	——— 24. cuestión
——— 3. Enríquez	——— 14. agudo	——— 25. guitarra
——— 4. busques	——— 15. quiere	——— 26. Márquez
——— 5. apagues	——— 16. juego	——— 27. muerte
——— 6. bueno	——— 17. agua	——— 28. fuerte
——— 7. abuelo	——— 18. queremos	——— 29. rudo
——— 8. respingues	——— 19. escuela	——— 30. mulato
——— 9. burro	——— 20. rueda	——— 31. nuestro
——— 10. quites	——— 21. bosque	——— 32. Domínguez
——— 11. guerra	——— 22. quebrar	

Actividad C1.2 (a) Write <u>U</u> before a nonsilent **u** (where the letter **u** is pronounced) and write <u>Ü</u> before all examples of **ü.** (b) Write <u>S</u> before all examples of silent **u** (where the **u** is not pronounced). (c) Read the list out loud.

——— 1. cuenta	——— 11. frecuencia	——— 21. cigüeña
——— 2. guerra	——— 12. muerte	——— 22. luto
——— 3. pingüino	——— 13. saque	——— 23. cuadro
——— 4. bilingüe	——— 14. agua	——— 24. cuesta
——— 5. busques	——— 15. agüilla	——— 25. queso
——— 6. cual	——— 16. uva	——— 26. llegue
——— 7. cuestión	——— 17. seguida	——— 27. nuevo
——— 8. que	——— 18. queso	——— 28. aguinaldo
——— 9. huevo	——— 19. quita	——— 29. quince
——— 10. gusto	——— 20. bueno	——— 30. güiro

Actividad C1.3 Mark all words with diphthongs.

_____ 1. puede	_____ 15. deuda	_____ 29. poblado
_____ 2. siempre	_____ 16. teatro	_____ 30. empezar
_____ 3. pozo	_____ 17. adiós	_____ 31. poder
_____ 4. cuece	_____ 18. Europa	_____ 32. feo
_____ 5. cese	_____ 19. seda	_____ 33. aquel
_____ 6. nuestro	_____ 20. ciento	_____ 34. doy
_____ 7. quiere	_____ 21. piensa	_____ 35. aire
_____ 8. cuando	_____ 22. pensar	_____ 36. baile
_____ 9. tía	_____ 23. siente	_____ 37. cuerpo
_____ 10. tiempo	_____ 24. aceite	_____ 38. nieve
_____ 11. bueno	_____ 25. tierra	_____ 39. muere
_____ 12. Benjamín	_____ 26. autor	_____ 40. pensamiento
_____ 13. también	_____ 27. seudónimo	
_____ 14. aunque	_____ 28. pueblo	

Actividad C1.4 A minimal pair is two words that are identical except for just one feature. In the following list, match the two columns to find the minimal pairs.

Modelo: *ganas/canas*

WORDS WITH DIPHTHONGS	WORDS WITHOUT DIPHTHONGS
1. cielos	_____ canto
2. cuanto	_____ guarda
3. apuesto	_____ celos
4. ensueño	_____ enseño
5. guardia	_____ apesto
6. barrio	_____ neto
7. cualidad	_____ barro
8. deudo	_____ pena
9. nieto	_____ calidad
10. peina	_____ dedo
11. veinte	_____ trago
12. traigo	_____ casa
13. paisaje	_____ vente
14. causa	_____ pasaje

Actividad C1.5 Read out loud the following words, all of which contain diphthongs. Some are spelled wrong and some are spelled right. If the word is spelled wrong, mark it with a **W**; if the word is right, mark it with an **R**.

_____ 1. siete	_____ 5. juala	_____ 9. neuvo
_____ 2. deiz	_____ 6. teirra	_____ 10. viejo
_____ 3. abuelo	_____ 7. quiere	_____ 11. vaije
_____ 4. jueves	_____ 8. oigo	_____ 12. peinsa

_____ 13. pueblo   _____ 16. precio   _____ 19. Juleita

_____ 14. cuidado   _____ 17. estudai   _____ 20. Gaudalupe

_____ 15. ciudad   _____ 18. viente

Actividad C1.6 Mark with an **X** the words that do *not* contain diphthongs.

_____ 1. teatro	_____ 9. puente	_____ 17. realista
_____ 2. bueno	_____ 10. cuando	_____ 18. memoria
_____ 3. león	_____ 11. cuido	_____ 19. leal
_____ 4. lección	_____ 12. contemporáneo	_____ 20. pueblo
_____ 5. miente	_____ 13. leer	_____ 21. sea
_____ 6. línea	_____ 14. pasear	_____ 22. barbacoa
_____ 7. toalla	_____ 15. anterior	_____ 23. cuento
_____ 8. deseo	_____ 16. idea	_____ 24. traerás

Actividad C1.7 Without looking back at the material in the textbook, think of five words you know that contain diphthongs. Then use each one in a sentence.

1. _____ _____

2. _____ _____

3. _____ _____

4. _____ _____

5. _____ _____

Actividad C1.8 Mark with an **X** any word in which the accent is used to break a diphthong. (Remember that diphthong-breaking accents are always written over the **i** or the **u**. If an accent is written over the **o**, **e**, or **a**, it is there for a reason you haven't yet studied.)

_____ 1. lección	_____ 9. miércoles	_____ 17. reúne
_____ 2. decía	_____ 10. increíble	_____ 18. continúo
_____ 3. economía	_____ 11. ataúd	_____ 19. siéntese
_____ 4. declaración	_____ 12. aún	_____ 20. espía
_____ 5. después	_____ 13. oír	_____ 21. murciélago
_____ 6. también	_____ 14. dieciséis	_____ 22. lápiz
_____ 7. periódico	_____ 15. río	_____ 23. veía
_____ 8. tío	_____ 16. quería	_____ 24. acentuación

Actividad C1.9 The following words all need an accent to show that they contain a broken diphthong. Rewrite the word, adding each accent where it belongs.

1. Maria ___ ___ ___	6. vacia ___ ___ ___	11. mediodia ___ ___ ___
2. libreria ___ ___ ___	7. fotografia ___ ___ ___	12. garantia ___ ___ ___
3. Garcia ___ ___ ___	8. rei ___ ___ ___	13. geometria ___ ___ ___
4. comia ___ ___ ___	9. Raul ___ ___ ___	14. geografia ___ ___ ___
5. mayoria ___ ___ ___	10. Renteria ___ ___ ___	15. tonteria ___ ___ ___

16. baul ___ ___ ___   19. teoria ___ ___ ___   22. tio ___ ___ ___
17. oido ___ ___ ___   20. rebeldia ___ ___ ___   23. filosofia ___ ___ ___
18. todavia ___ ___ ___   21. dias ___ ___ ___   24. un rio ___ ___ ___

Actividad C1.10 Read the following words out loud. Some need accents to point out a broken diphthong. Mark with an **X** the ones that need a written accent.

___ 1. escuela	___ 11. municipio	___ 21. melancolia
___ 2. increible	___ 12. pais	___ 22. novia
___ 3. oigo	___ 13. descripciones	___ 23. anillo
___ 4. teatro	___ 14. ciencia	___ 24. judio
___ 5. poeta	___ 15. acciones	___ 25. mio
___ 6. armonia	___ 16. indio	___ 26. funcionario
___ 7. cambia	___ 17. maiz	___ 27. espia
___ 8. patria	___ 18. paraiso	___ 28. fuimos
___ 9. Eugenio	___ 19. divierte	___ 29. viuda
___ 10. diario	___ 20. cambian	___ 30. todavia

Actividad C1.11 Read the following sentences out loud. Some words in the sentences need an accent. Rewrite the sentence with the accents added.

1. El policia decia que Mario vivia cerca del rio.

   _____

2. La tierra de la familia de Manuel estaba cerca de la farmacia.

   _____

3. Un amigo mio tiene una novia que es secretaria de esa familia.

   _____

4. Oi que el patio de Raul estaba limpio.

   _____

5. La señora Garcia queria un calendario nuevo.

   _____

6. El niño indio decia que habia nacido en junio.

   _____

7. Mi tia no tenia cambio.

   _____

8. Me rei cuando llegaron las fotografias.

   _____

9. La abuela actua como una espia.

   _____

10. El matrimonio es un misterio para Julio y Patricia.

    _____

Actividad C1.12 Escribe—en inglés o español—tu respuesta a cada una de estas preguntas.

1. Él quiere que ella conteste que ama a otro. ¿Por qué?

   _____

2. ¿Qué adivina él, según ella?

   _____

3. ¿Es cierto o falso que ella ama a otro? Explícate.

   _____

4. Según ella, ¿quién está detrás de unos árboles? ¿Qué hace?

   _____

5. ¿Quién queda muerto: Juan o «el otro»?

   _____

Capítulo 2

Al buen entendedor, pocas palabras

Actividad C2.1 Contesta las siguientes preguntas.

1. ¿Conoces en inglés un dicho que se le parezca al de «Al buen entendedor, pocas palabras»?

   _____

2. ¿Qué significa para ti este dicho? ¿Cómo se pudiera aplicar en la vida?

   _____

Actividad C2.2 Rewrite and divide the following words into syllables.

Modelo: _casado   ca-sa-do_

1. casero	15. tierra	29. mientras
2. zapatos	16. espíritu	30. descripción
3. parece	17. ciencia	31. principio
4. ese	18. cultura	32. revolución
5. mamá	19. fuerza	33. importancia
6. perros	20. realidad	34. llamar
7. leche	21. guerra	35. constituir
8. suben	22. gobierno	36. cuarto
9. usted	23. presentar	37. grande
10. hombre	24. problemas	38. también
11. nuestro	25. aunque	39. después
12. porque	26. artillería	40. español
13. ciudad	27. república	
14. historia	28. marchar	

Actividad C2.3 Rewrite and divide the following words into syllables.

Modelo: *teclado*   *te-cla-do*

1. encontrar
2. verdad
3. cualquiera
4. existencia
5. población
6. aspecto
7. investigación
8. corresponder
9. describir
10. acompañar
11. microscopio
12. extraordinario
13. río
14. calendario

15. desafío
16. blanquillo
17. emplear
18. instrucción
19. comprender
20. siguiente
21. verdadero
22. continúa
23. continuar
24. alegría
25. gloria
26. consecuencia
27. fuimos
28. continuó

29. respecto
30. influencia
31. experiencia
32. melancolía
33. aéreo
34. aeropuerto
35. patria
36. compañía
37. espacio
38. matrimonio
39. mayoría
40. absoluto

Actividad C2.4 First, read all these words out loud. Then mark with an **S** the examples of **c** that are pronounced as /s/. Next, mark with a **K** all examples of **c** that are pronounced as /k/.

_____ 1. centro
_____ 2. cinco
_____ 3. cine
_____ 4. como
_____ 5. casa
_____ 6. cena
_____ 7. cada

_____ 8. conoce
_____ 9. claro
_____ 10. cerca
_____ 11. conduce
_____ 12. busca
_____ 13. campo
_____ 14. corazón

_____ 15. cabeza
_____ 16. central
_____ 17. cambio
_____ 18. escritor
_____ 19. cigarro
_____ 20. cita

Actividad C2.5 Mark with a **J** the *sonidos de la jota*, then mark with **G** all the /g/ sounds.

_____ 1. bajo
_____ 2. agente
_____ 3. grande
_____ 4. agitar
_____ 5. alegre
_____ 6. algo
_____ 7. agujero
_____ 8. arrojar
_____ 9. dirigió
_____ 10. dije
_____ 11. eje
_____ 12. amigo
_____ 13. hago
_____ 14. ajo

_____ 15. tenga
_____ 16. fingido
_____ 17. fijar
_____ 18. gitano
_____ 19. averigüé
_____ 20. homenaje
_____ 21. jefe
_____ 22. recoger
_____ 23. guardar
_____ 24. gusano
_____ 25. guitarra
_____ 26. luego
_____ 27. negro
_____ 28. guisar

_____ 29. paguen
_____ 30. siguiente
_____ 31. traje
_____ 32. ahora
_____ 33. vigente
_____ 34. virgen
_____ 35. Guadalupe
_____ 36. registrar
_____ 37. Jiménez
_____ 38. Hernández
_____ 39. Jorge
_____ 40. hijo

Actividad C2.6 Mark with an **LL** all examples of ll. Then mark with an **L** all examples of l.

_____ 1. Lalo
_____ 2. calificaciones
_____ 3. caballo
_____ 4. vale
_____ 5. valle
_____ 6. ola
_____ 7. olla

_____ 8. lame
_____ 9. llame
_____ 10. celos
_____ 11. sellos
_____ 12. ligar
_____ 13. llegar
_____ 14. calar

_____ 15. callar
_____ 16. leña
_____ 17. llena
_____ 18. loro
_____ 19. lloro
_____ 20. melón

Actividad C2.7 Read the following words out loud, then mark with an **RR** all examples of the trilled sound /r̄/.

_____ 1. roca
_____ 2. Ramón
_____ 3. cigarro
_____ 4. cura
_____ 5. padre
_____ 6. sacerdote
_____ 7. Enrique

_____ 8. alrededor
_____ 9. carta
_____ 10. terrible
_____ 11. cortante
_____ 12. raza
_____ 13. horror
_____ 14. Arturo

_____ 15. razón
_____ 16. arteriosclerosis
_____ 17. honrado
_____ 18. ridículo
_____ 19. sonrisa
_____ 20. árbol

Actividad C2.8 Sight words versus decoded words. Try to read the following Spanish words out loud. Each time you read a word rapidly and correctly without struggling, put a checkmark alongside it in the "S" column (for _sight word_). Each time you have to think about a word—to struggle through it and spell it out—put a checkmark alongside it in the "D" column (for _decoded word_). Your eventual goal is to be able to read _all_ the words as sight words.

SECTION A					
	s	d		s	d
1. abro	_____	_____	8. eres	_____	_____
2. leo	_____	_____	9. traigo	_____	_____
3. quiero	_____	_____	10. trae	_____	_____
4. fui	_____	_____	11. salgo	_____	_____
5. creo	_____	_____	12. sigo	_____	_____
6. tienes	_____	_____	13. sigues	_____	_____
7. soy	_____	_____	14. siguen	_____	_____

SECTION B					
	s	d		s	d
1. aquí	_____	_____	8. algunos	_____	_____
2. allí	_____	_____	9. son	_____	_____
3. mucho	_____	_____	10. con	_____	_____
4. macho	_____	_____	11. amigos	_____	_____
5. por	_____	_____	12. abuelas	_____	_____
6. para	_____	_____	13. leche	_____	_____
7. algún	_____	_____	14. postre	_____	_____

SECTION C

	s	d		s	d
1. voz	_____	_____	8. bien	_____	_____
2. vez	_____	_____	9. seis	_____	_____
3. diez	_____	_____	10. siete	_____	_____
4. ahora	_____	_____	11. nueve	_____	_____
5. caballo	_____	_____	12. nuevo	_____	_____
6. cabello	_____	_____	13. aunque	_____	_____
7. bueno	_____	_____	14. cuatro	_____	_____

SECTION D

	s	d		s	d
1. amarillo	_____	_____	8. hacemos	_____	_____
2. naranja	_____	_____	9. hice	_____	_____
3. vine	_____	_____	10. hiciste	_____	_____
4. vino	_____	_____	11. puso	_____	_____
5. creí	_____	_____	12. peso	_____	_____
6. creer	_____	_____	13. pude	_____	_____
7. hace	_____	_____	14. pudo	_____	_____

SECTION E

	s	d		s	d
1. camino	_____	_____	8. cosa	_____	_____
2. cámara	_____	_____	9. casa	_____	_____
3. comida	_____	_____	10. casi	_____	_____
4. difícil	_____	_____	11. debajo	_____	_____
5. fácil	_____	_____	12. arriba	_____	_____
6. domingo	_____	_____	13. frío	_____	_____
7. sábado	_____	_____	14. calor	_____	_____

SECTION F

	s	d		s	d
1. hasta	_____	_____	8. hora	_____	_____
2. huevo	_____	_____	9. mejor	_____	_____
3. mañana	_____	_____	10. menos	_____	_____
4. manzana	_____	_____	11. mientras	_____	_____
5. lejos	_____	_____	12. mismo	_____	_____
6. lápiz	_____	_____	13. pedí	_____	_____
7. hoja	_____	_____	14. pidió	_____	_____

Actividad C2.9 Developing recognition skills. En los ejercicios a continuación la palabra clave de la izquierda en negrilla aparece una, dos o más veces en la sección de la derecha. El ejercicio consiste en escribir en la línea el número de veces que hayas encontrado la palabra clave.

1. **dan**   dan   dimos   dan   di   das   doy   _____
2. **como**   coma   comes   cómo   como   coro   con   _____
3. **rata**   rara   pase   rata   rana   rata   rata   _____
4. **cinco**   circo   cero   circo   cinco   cerco   cesto   _____
5. **piensa**   pensó   pienso   peino   peina   piensa   perra   _____
6. **plata**   plata   plata   plato   pleito   placa   plata   _____
7. **pescado** pescado   pecado   pescado   empacado   picado   pecado   _____
8. **fuerte**   fuente   fuente   fuerza   fuerte   fuera   fiera   _____
9. **saco**   casó   casa   caso   sacó   caso   sano   seco   saqué   _____
10. **digo**   dijo   dijo   dilo   digo   dice   digo   dámelo   _____
11. **habla**   hablan   hablas   hable   hablo   habló   habla   _____
12. **basta**   hasta   basta   hace   lastra   hasta   hace   hice   _____

1. **duele**   duende   deuda   duele   duela   duende   duelo   _____
2. **traigo**   traje   trago   traigo   trago   traiga   caigo   _____
3. **cocina**   cochina   camina   cocina   camino   cocino   cocías   _____
4. **suerte**   suerte   suene   sueñe   sueñe   suele   suelo   suerte   _____
5. **caminó**   camina   cámaras   comino   camino   caminó   caminó   _____
6. **éxito**   éxito   excito   excitó   existió   éxito   existo   _____
7. **repito**   repitió   repite   repito   repiten   repites   repite   _____
8. **dijeron** dejaron   dijeron   dijimos   dijeron   dejaron   dijeron   _____
9. **moda**   modo   mojo   mono   mona   moja   moda   moda   _____
10. **amor**   amar   amor   amo   amas   amor   amó   amaras   _____
11. **bolsillo** bolsita   bolsitas   bolsillo   bolso   bolsillo   bolsa   _____
12. **derecho** derecha   derecho   derechos   derecho   derecha   _____

1. **lastimo**   lastimo   lastimó   lástima   lastima   lastimo   lástima   _____
2. **libro**   libero   libre   libré   libró   libro   librero   libro   _____
3. **letrita**   letrita   letrerillo   letrero   letra   letrita   letra   _____
4. **muerta**   muerte   muestra   muero   muerta   muerte   murió   _____
5. **necesidad** necesidad   necesario   necesita   necesitado   necedad   _____
6. **preciso**   precisa   precisión   precio   preciso   precisa   preciso   _____
7. **cantar**   cantar   cantó   cantas   cantaré   canté   cantar   cantan   _____
8. **escrito**   escribo   escritorio   escrito   escritura   escribir   _____
9. **imitas**   imitar   imito   imita   imitas   imitan   imitas   _____
10. **justo**   justicia   justa   jurista   justo   justo   justicia   _____
11. **miserable** mísero   miseria   miserable   misceláneo   miseria   _____
12. **palabra** palabra   paladar   paladín   palabra   plato   palabrería   _____

1. **vista**	visita visito visitó vista visto visita		_____
2. **paisaje**	paisano país paisajes paisaje paisanas países		_____
3. **regaló**	regalo regaló regalé regala regalo regaló		_____
4. **respecto**	respecto respeta respetó respete respecto		_____
5. **supremo**	supremo supremas suprimir supuesto supremo		_____
6. **tiro**	tiras tira tiran tiró tiré tiro tiro		_____
7. **trapo**	trapito trapos trapos trapo trampa trapo		_____
8. **vulgar**	vulgaridad vulgo vulgar vulgarizar vulgar vulgo		_____
9. **zapato**	zafado calzado zapato zagal zaguán zapato		_____
10. **talón**	talismán talla talento talega talón talonario		_____
11. **soltero**	soltero soltura soltero soltarse soltura soltero		_____
12. **permitió**	permite permiso permitió permití permitió		_____

1. **ancho**	ancho Pancho ando ancho Sancho anchas		_____
2. **panadero**	viajero pasajero panadero gallinero panadero		_____
3. **práctica**	práctica practica practicó practicar práctica		_____
4. **saludo**	sacudo saludó saludo saludo saluda sacudida		_____
5. **respuesta**	encuesta cesta puesta respuesta respeto repuesto		_____
6. **entregar**	estribar enseñar enlutar entregar envolver		_____
7. **describe**	describí descubre describe describen descubre		_____
8. **ejercicio**	ejército ejerce ejercicio ejercitar ejército		_____
9. **llueve**	llene llueve lleve llueve llega llena		_____
10. **verdura**	verdor vendiera verdura verde verdura venderá		_____
11. **inmenso**	intenso inmenso incienso incienso intenso		_____
12. **salida**	subida surtida salida salada salido salida		_____

Actividad C2.10 Speed recognition. Read the two words on the left. If they are the same, write *iguales*; if they are different, write *diferentes*.

1. fijado fijada	_____	9. intenso extenso	_____
2. pasara pasará	_____	10. calle halle	_____
3. frente frente	_____	11. aumento aumenta	_____
4. dueña sueña	_____	12. entiendan entierran	_____
5. nuevo nueve	_____	13. ciudad cuidado	_____
6. sentido sentido	_____	14. otra ostra	_____
7. sabe sabes	_____	15. servicio suplico	_____
8. cambio cambió	_____		

1. repugnante   representante   _____
2. progreso   proceso   _____
3. equilibrio   equilibro   _____
4. sino   sino   _____
5. pito   pino   _____
6. caminos   camiones   _____
7. temprano   témpano   _____
8. solidaridad   soledad   _____

9. limpieza   linterna   _____
10. camarones   canciones   _____
11. capacidad   comunidad   _____
12. abertura   abertura   _____
13. escritora   escultora   _____
14. mantuvo   estuvo   _____
15. filmada   filmada   _____

1. fabricación   felicitación   _____
2. narradora   nadadora   _____
3. compleja   complejo   _____
4. artista   artista   _____
5. reunidos   reunidos   _____
6. hacen   haces   _____
7. humanidad   humedad   _____
8. desgracia   disfraz   _____

9. considerable   considerado   _____
10. argumento   argumentan   _____
11. mansión   mansión   _____
12. tiranía   tirana   _____
13. actuación   actuación   _____
14. impecable   intocable   _____
15. gracioso   garboso   _____

Actividad C2.11 Synonym recognition. Read each word in the left-hand column (bold). Then identify another word on the same line to the right that means essentially the same thing, and write it on the right line.

1. **viejo**   querido   anciano   nuevo   feliz   _____
2. **escuela**   convento   hospital   colegio   edificio   _____
3. **empezar**   dejar   acabar   sustituir   comenzar   _____
4. **encontrar**   hallar   perder   conseguir   llevar   _____
5. **lento**   pronto   desperdicio   despacio   rápido   _____
6. **comprender** aprender   revisar   adivinar   entender   _____
7. **hablar**   cantar   orar   conversar   mentir   _____
8. **querer**   odiar   amar   halagar   conquistar   _____
9. **delgado**   gordo   flaco   alto   pequeño   _____
10. **arreglar**   revisar   componer   sacudir   permitir   _____
11. **doctor**   enfermo   médico   enfermera   abogado   _____
12. **llorar**   sollozar   gritar   sufrir   reír   _____
13. **periódico** libro   lápiz   diario   pluma   _____
14. **casa**   caza   vivienda   cosa   obra   _____

1. **bonito**   lindo   terrible   encanto   presa   ———
2. **hondo**   superficial   alto   profundo   balcón   ———
3. **disgusto**   decisión   deshonra   disco   desagrado   ———
4. **miedo**   silencio   paz   terror   carga   ———
5. **apagar**   determinar   alumbrar   extinguir   extraviar   ———
6. **lentes**   ojos   cejas   anteojos   vistas   ———
7. **fiel**   falso   amigo   exigente   leal   ———
8. **favorito**   exclusivo   preferido   gordo   fantasía   ———
9. **juntarse**   irse   congregarse   temblar   llevarse   ———
10. **dejar**   llevar   acabar   abandonar   cargar   ———
11. **susto**   felicidad   miedo   agradecimiento   mente   ———
12. **futuro**   porvenir   pasado   ayer   siempre   ———
13. **venida**   salida   llegada   apertura   subida   ———
14. **momento**   parte   instante   medio   poco   ———

1. **nunca**   siempre   jamás   nada   nadie   ———
2. **aeroplano**   avión   aeropuerto   nave   astronauta   ———
3. **rezar**   contar   hablar   predicar   orar   ———
4. **cárcel**   edificio   prisión   crimen   castigo   ———
5. **dueño**   paciente   señor   propietario   ladrón   ———
6. **tranquilo**   fuerte   ordenado   contento   pacífico   ———
7. **atravesar**   cruzar   subir   cortar   dañar   ———
8. **error**   premio   gordo   falta   acierto   ———
9. **extraño**   difícil   vacante   raro   triste   ———
10. **silencioso** ruidoso   diferente   callado   casado   ———
11. **salario**   sueldo   horas   calidad   ahorro   ———
12. **serpiente** visera   víbora   veneno   venida   ———
13. **calmar**   ayudar   orientar   tranquilizar   llevar   ———
14. **fama**   mala   futuro   chisme   reputación   ———

1. **alumno**	profesional estudioso estudiante pupila	_____
2. **cuerda**	fuerte nudo alambre soga	_____
3. **regreso**	vuelta desafío desvío temblor	_____
4. **obrero**	pintor trabajador jefe enemigo	_____
5. **lugar**	lejos amplitud llevar sitio	_____
6. **subir**	bajar buscar ascender aparecer	_____
7. **bebé**	toma nene música cabello	_____
8. **pelota**	bola barco zapato barriga	_____
9. **cariñoso**	dulce agrio amoroso sincero	_____
10. **venida**	subida llegada temor salida	_____
11. **dolor**	dinero alegría alivio pena	_____
12. **auténtico**	falso autor laguna legítimo	_____
13. **excusa**	disculpa error perdón exigencia	_____
14. **irritar**	disculpar acomplejar exasperar comprender	_____

1. **unión**	alianza rebelión ataque país	_____
2. **reducir**	engordar desarrollar producir rebajar	_____
3. **avanzado**	retrasado esperpento adelantado estudioso	_____
4. **descender**	subir bajar notar defender	_____
5. **enemigo**	amigo advenedizo adversario aventurero	_____
6. **real**	falso imitación verdadero fiel	_____
7. **ayudar**	culpar auxiliar torturar engañar	_____
8. **sufrir**	buscar arrepentirse suponer padecer	_____
9. **querido**	odiado olvidado amado pensado	_____
10. **llevar**	traer transportar encontrar llamar	_____
11. **pared**	parte muralla muro torre	_____
12. **breve**	atrevido largo temible corto	_____
13. **descuido**	cuidado crimen negligencia desaseo	_____
14. **causa**	cautivo ratón motivo modelo	_____

1. **silla**   mesa   retoño   asiento   púlpito   _____
2. **cambiar**   llevar   modificar   socorrer   palpitar   _____
3. **engañar**   defraudar   escuchar   horrorizar   cumplir   _____
4. **redondo**   cuadrado   triangular   circular   rectangular   _____
5. **obligar**   olvidar   retar   forzar   remar   _____
6. **completo**   cruzado   plantado   entero   pedazo   _____
7. **ocultar**   proponer   esconder   descender   defender   _____
8. **gusto**   disgusto   placer   horror   olor   _____
9. **diferente**   claro   igual   similar   distinto   _____
10. **durante**   primero   luego   mientras   también   _____
11. **bastante**   poco   menos   suficiente   mucho   _____
12. **pelear**   recibir   combatir   cooperar   elevar   _____
13. **gozar**   disfrutar   sufrir   escurrir   permitir   _____
14. **abandonar**   desertar   encontrar   abonar   llevar   _____

1. **conflicto**   paz   antagonismo   servilidad   discurso   _____
2. **país**   nación   residentes   gobierno   monarquía   _____
3. **danzar**   dañar   doblar   buscar   bailar   _____
4. **habitante**   hábito   persecución   ciudad   residente   _____
5. **rápido**   despacio   lento   apresurado   aproximado   _____
6. **loco**   triste   viejo   cansado   demente   _____
7. **instruir**   educar   dejar   discutir   emplear   _____
8. **muerto**   diferente   difunto   distinto   distraído   _____
9. **libertar**   gobernar   votar   librar   aprisionar   _____
10. **cubrir**   descubrir   opinar   tapar   ofender   _____
11. **mandar**   ordenar   forzar   repetir   definir   _____
12. **fuerte**   simple   débil   oportuno   poderoso   _____
13. **juzgado**   juez   testigo   abogado   tribunal   _____
14. **inferior**   infinito   superior   peor   infiel   _____

Actividad C2.12 Phrase recognition. The key phrase (**frase clave**) appears at the start of each section and then appears two, three or more times in the lines that follow. Your job is to identify the **frase clave** whenever it appears in the lines that follow and then count the number of times it has appeared.

Frase clave: <u>**a pesar de**</u>

> al pasar por   de manera que   para ir a   pensar en   sin querer
> en presencia de   a pesar de   sin recordar que   para pasar el rato
> en la conversación   al principio   de un apartamento   en el mundo entero
> en cuanto a   tener ganas de   creer que   en ningún caso
> para pasar por   a pesar de   un poco de música   a pesar de

1. La *frase clave* aparece _____ veces.

Frase clave: <u>**a veces**</u>

> a fuerza   interesarse por   sin embargo   enamorarse de   empezar a
> reírse de   dentro de este marco   todos los aspectos   en la casa
> a veces   con razón   a veces   de esta novela   para empezar a estudiar
> bajo la piel   alrededor de   a la puerta   a veces   interesarse por
> decidirse en   de los esclavos   en el cuarto de su hermano   a veces
> la última vez   a veces

2. La *frase clave* aparece _____ veces.

Frase clave: <u>**peor que nunca**</u>

> a los cuarenta   para creer en   de vez en cuando   ayudar a
> en lo que se refiere a   pero no pudo   peor que nunca   lo que hace
> es diferente   a un momento   peor que nunca   a que se refieren
> para expresar   algún día   a la escuela   peor que nunca
> peor que antes   peor es nada   peor que nunca   de la lectura
> al principio   a propósito   después de   acabar de   hace falta
> la mayor parte   en ese espacio   peor que nunca   con el encanto

3. La *frase clave* aparece _____ veces.

Frase clave: <u>**al poco rato**</u>

> a la clase   al llegar   al pasar por   al poco rato   el otro día
> en el futuro   por ejemplo   por casualidad   es decir que
> hacer una pregunta   lo menos posible   en ninguna parte
> tomar una decisión   al poco rato   en la labor   al mismo tiempo
> poco a poco   paso a paso   para servirle   no hay de qué   de la calle
> al poco rato   en un viaje   por un lado   esta serie   al poco rato

4. La *frase clave* aparece _____ veces.

Frase clave: <u>**en voz alta**</u>

> en cambio   peor que nunca   al aire libre   en voz alta   se desarrolla
> sin embargo   al ver el resultado   en voz alta   en la mansión

de protección   a un arreglo   ir al centro   mejor que nunca   a tiempo
en voz alta   al día siguiente   por la lluvia   en invierno   es imposible
en voz alta   al regresar   a pesar de   en lugar de   creer en
valer la pena   algo que hacer   en voz alta   al frente

5. La *frase clave* aparece _____ veces.

Frase clave: **mientras tanto**

al principio   a pesar de   dar un paseo   tener cuidado   mientras tanto
se casan   de la situación   pocos días después   de una universidad
con el encanto del fruto prohibido   mientras tanto   en este dominio
mientras tanto   pasar hambre   a eso de   con sinceridad   a una reina
de tal forma   mientras tanto   en un cien por ciento de los casos
tener ganas de   en cuanto a   preocuparse por   ahora bien
no puede ser   mientras tanto   como símbolo de progreso

6. La *frase clave* aparece _____ veces.

Frase clave: **de ninguna manera**

de vacaciones   de ninguna manera   darse la mano   a causa de
lo mismo   durante el año   al principio   de ninguna manera
de largo término   mientras tanto   una buena cantidad   el curso del año
en gran parte   para la siembra   estar listo   de ninguna manera
de mala gana   a lo lejos   prestar atención   tal vez
de ninguna manera   por otro lado   por eso   de ninguna manera
hay que ver   de ninguna manera   es interesante   a precios muy bajos
guardar cama   de a tiro

7. La *frase clave* aparece _____ veces.

Frase clave: **de antemano**

andar a pie   cumplir la palabra   sin embargo   sin pensar en
estar a punto de   todos los países   de antemano   en todas partes
todo lo que hace   todo lo bueno   de antemano   todo lo mejor
sin querer   con buen gusto   del hombre   el interés del público
en torno suyo   con sinceridad   acabar de   tener ganas de
de antemano   se parece a   a su tiempo   ni joven ni viejo
de antemano   a pesar de que   de antemano   al llegar a la vejez

8. La *frase clave* aparece _____ veces.

Actividad C2.13 Reconocimiento de significado. Lee la definición de la izquierda, luego escoge la palabra de la derecha que corresponda.

1. tenerle cariño a alguien   pensar   buscar   querer   recordar
2. en gran cantidad   poco   mucho   siempre   nunca
3. objeto histórico   escuela   monumento   parque   silla
4. hacer aire   abanicar   comenzar   nevar   granizar

5. lo que no está cerrado   completo abierto ordinario nuevo
6. algo pasado de moda   anticuado alegre último primero
7. agua congelada   leche pluma hielo red
8. parte del cuerpo con la que se habla garganta mejilla boca pie
9. acción injusta   tragedia error injusticia recuerdo
10. madera para quemar   tarde bosque árbol leña
11. insecto muy molesto   rata puerco mosca rana
12. quitar lo escrito   escribir borrar empezar llevar
13. pasar una enfermedad   buscar contagiar examinar prestar
14. decir adiós   levantarse despedirse llegar irse
15. guardar dinero   presumir esconder prestar ahorrar

Actividad C2.14 Reconocimiento de significado. Lee la definición de la izquierda, luego escoge la palabra de la derecha que corresponda.

1. falta de compañía   amistad eternidad soledad sociedad
2. tienda de vinos y licores   tabique lugar institución licorería
3. quien no puede oír   sordo ciego manco tuerto
4. volumen   silencio oración tamaño pequeño
5. de corta extensión   largo ancho difícil breve
6. pelo de la cabeza   cabello caballo bello cara
7. diez y cuatro   mucho menos cuarenta catorce
8. quien perdió el cabello   manco calvo cabeza ganso
9. golpe con el codo   alambre herida pico codazo
10. enfrente   después delante antiguo pronto
11. quitar las hojas   deshojar destruir derretir desmayar
12. quitar la ropa   embalsar desvestir vestir emitir
13. dar consejos   empañar empeñar estudiar aconsejar
14. producir melodías   gritar estornudar cantar decir
15. sin principio ni fin   antiguo principal último eterno

Actividad C2.15 Reconocimiento de significado. Lee la definición de la izquierda, luego escoge la palabra de la derecha que corresponda.

1. llenar de luz y claridad   apagar alumbrar quemar oler
2. dar saltos   gritar preguntar brincar galopar
3. huesos de la cabeza   esqueleto muerte cementerio calavera
4. acabar algo   comenzar llevar consentir concluir
5. casamiento y fiesta   noviazgo bautizo boda velorio
6. camita para niños   cocina sofá cuna lecho
7. golpe dado con la mano   manotada patada ruido manías
8. cuerpo celeste   planta planeta airea cielo
9. metal precioso   rubí diamante oro aluminio
10. aparato que mide el tiempo   medida reloj cuchara diámetro
11. segundo mes del año   marzo febrero abril noviembre
12. iglesia principal de una diócesis catedral capilla santuario convento

13. esposa del rey   niña   dama   criada   reina

14. ayuda a los enfermos   buena   enfermiza   inútil   enfermera

15. animal que come ratas   perro   gato   lobo   vaca

Actividad C2.16 **Reconocimiento de significado.** Lee la definición de la izquierda, luego escoge la palabra de la derecha que corresponda.

1. error   cuidado   herida   falta   letra
2. un poco frío   helado   caliente   tibio   fresco
3. levantar la voz   pedir   señalar   morder   gritar
4. con los mismos padres   primos   abuelos   suegras   hermanos
5. contrario a la ley   ilustre   negativo   ilegal   político
6. crear algo nuevo   inventar   poner   normalizar   interrogar
7. condición de ser joven   amplitud   niñez   vejez   juventud
8. captar con la vista   repetir   ver   escribir   organizar
9. tienda de libros   biblioteca   librero   librería   bibliografía
10. tremendamente   muy   pero   sin   poco
11. viajar por mar   pasear   volar   aventurar   navegar
12. falta de luz y claridad   obtuso   obscuridad   silencio   privado
13. bulto pequeño   obsequio   regalo   surtido   paquete
14. expresión de dolor   risa   carcajada   queja   quema
15. edificio muy alto   estación   bodega   iglesia   rascacielos

Actividad C2.17 **Reconocimiento de significado.** Lee la definición de la izquierda, luego escoge la palabra de la derecha que corresponda.

1. próximo a morir   loco   débil   moribundo   fúnebre
2. no puede hablar   ciego   mudo   sordo   cojo
3. tomar uno lo que le dan   regalar   responder   despreciar   recibir
4. espacio de siete días   mes   año   vigilia   semana
5. enterrar un cadáver   quebrar   sepultar   atormentar   pisotear
6. sacudida de la tierra   tortilla   terremoto   relámpago   tormenta
7. hacer cambiar de forma   llevar   transportar   transformar   tirar
8. utilizar   comprar   meter   usar   poner
9. la primera luz del día   sol   alba   luna   estrella
10. tiempo que ya pasó   pasador   pasado   pasaje   paisaje
11. falto de agua   inundado   saco   seco   sello
12. el que da testimonio   abogado   testigo   juez   ley
13. falto de contenido   vacío   lleno   surtido   enchilada
14. hacer más grande   aflojar   adiestrar   arrebatar   agrandar
15. en este momento   aquí   siempre   nunca   ahora

Actividad C2.18 **Reconocimiento de significado.** Lee la definición de la izquierda, luego escoge la palabra de la derecha que corresponda.

1. lavar el cuerpo   mojar   empapar   enchilar   bañar
2. que le falta fuerza física   forzoso   fornido   encuerado   débil

3. manifestar con palabras   gritar   decir   herir   saludar
4. alargar algo   estirar   recoger   sustituir   sonreír
5. olor suave y delicioso   flor   dulce   polución   fragancia
6. del mismo tipo   natural   mínimo   distinto   igual
7. sin movimiento   incoloro   inactivo   impuro   indecente
8. persona que roba   ladrón   labrador   suegra   profesor
9. hacer doble una cosa   mentir   durar   duplicar   retratar
10. hacer que algo arda   quemar   apagar   enchufar   alzar
11. de buena calidad   corriente   común   fino   caro
12. ganas de comer   sed   sueño   hambre   hombre
13. que no usa la razón   irónico   irracional   iracundo   irreprimible
14. pelea entre personas   paliza   sentencia   asesinato   lucha
15. que sucede cada mes   semanal   anual   semestral   mensual

Actividad C2.19 Reconocimiento de significado. Lee la definición de la izquierda, luego escoge la palabra de la derecha que corresponda.

1. recién hecho   vivió   fruto   nuera   nuevo
2. conjunto musical   sesión   junto   mochos   orquesta
3. sueño angustioso   toldo   pesadez   pesadilla   nocturno
4. contestar lo preguntado   reparar   respirar   responder   regresar
5. monarca de un reino   ministro   dictador   rey   alcalde
6. rogar o pedir   suplicar   suplir   surgir   sumar
7. asiento que usa el rey   sillón   banco   tronco   trono
8. substancia dulce   té   chocolate   azúcar   harina
9. que habla dos idiomas   mudo   inmigrante   extranjero   bilingüe
10. adquirir por las armas   ganar   conquistar   destruir   batallar
11. mojar algo   molar   empapar   espantar   enlatar
12. lo hecho sin dificultad   débil   fácil   completo   llano
13. falta de verdad   fatiga   mentira   enojo   cabezudo
14. que no se mueve   inmóvil   injerto   portátil   ambulante
15. persona de mucha edad   joven   anciano   adolescente   jovial

Actividad C2.20 Phrases and their synonyms. The key phrase appears on the left. Underline the phrase on the right whose meaning most closely resembles it.

1. a veces   aquí y allí   de vez en cuando   más o menos
2. con frecuencia   de veras   para siempre   a menudo/seguido
3. darse cuenta de   volver a   acabar de   comprender
4. todo el mundo   planeta grande   toldos indígenas   mucha gente
5. en seguida   a cada instante   siempre   de inmediato
6. estar triste   no estar contento   tomar demasiado   ir de viaje
7. cada año   el año pasado   todos los años   el año que viene
8. con asombro   contento con   enojo   con sorpresa
9. a eso de   alrededor de   ir de compras   prestar atención
10. tener ganas de   echar de menos   sentir deseos   de llevarse a

Actividad C2.21 Phrases and their synonyms. The key phrase appears on the left. Underline the phrase on the right whose meaning most closely resembles it.

1. llevar a cabo   arrepentirse de   realizar   soñar con
2. hay que   es necesario   es inútil   no importa
3. dar un paseo   creer que sí   salir a caminar   embarazarse
4. perdió la vida   se murió   se extravió   se acomodó
5. con motivo de   por causa   a la vista   antes de que
6. en cambio   sin querer   por lo contrario   cambio de aires
7. estar de vuelta   volver   acostarse   hundirse
8. a tiempo   a eso de   a la hora   a que sí
9. dar con   encontrar   matar   dar un regalo
10. en vez de   en lugar de   en casa de   en marcha

Actividad C2.22 Phrases and their synonyms. The key phrase appears on the left. Underline the phrase on the right whose meaning most closely resembles it.

1. por casualidad   por coincidencia   por lo tanto   por lo general
2. de repente   de pasada   de verdad   de pronto
3. asistir a (una clase)   ayudar a   estar presente en   enseñar
4. entretanto   por lo tanto   mientras tanto   tan pronto como
5. en todo caso   de todos modos   en caso de que   se llama
6. de un lado   arriba   por una parte   comprende que
7. por ahora   por lo contrario   por el momento   por fin
8. algo de   un poco de   sin querer   con rabia
9. por no tener   porque falta   sin saber   tener sueño
10. en el fondo   abajo   esencialmente   acá mero

Actividad C2.23 Phrases and their synonyms. The key phrase appears on the left. Underline the phrase on the right whose meaning most closely resembles it.

1. en el acto   inmediatamente   de verdad   del teatro
2. molesto por   por medio de   de pasada   disgustado con
3. con razón   en marcha   acertadamente   sin pensar
4. a cada rato   constantemente   tan pronto como   pasearse
5. claro está   llueve poco   naturalmente   entretanto
6. a su vez   en marcha   por su parte   a eso de
7. mediante   por medio de   hay que   es que
8. ojo con   con asombro   cuidado con   con todo y todo
9. igual que   el resto de   exactamente como   igualado
10. dentro de poco   sin embargo   a veces   pronto

Actividad C2.24 La comprensión. Escribe tu respuesta a cada una de estas preguntas sobre el contenido del ensayo.

1. ¿De dónde viene el español?

2. ¿Dónde está localizada la Península Ibérica y cuáles son los países que se encuentran en ella?

   _____

3. ¿Cuáles son los otros idiomas romances importantes?

   _____

4. ¿Qué pasó a principios del Siglo V?

   _____

5. ¿Qué hicieron los árabes musulmanes y en qué año?

   _____

6. ¿Qué evento importante tuvo lugar en España en 1492?

   _____

7. ¿Por qué había mucha influencia árabe en el latín vulgar de España (sobre todo en el del sur)?

   _____

8. ¿Qué fue la Reconquista?

   _____

9. Tres acontecimientos importantes ocurrieron en España en el Siglo XIII. ¿Cuáles fueron?

   _____

10. ¿Quiénes tuvieron que salir de España en 1492?

   _____

Capítulo 3

Adonde el corazón se inclina, el pie camina

Actividad C3.1 Contesta las siguientes preguntas.

1. ¿Conoces en inglés un dicho que se le parezca al de «Adonde el corazón se inclina, el pie camina»?

   _____

2. ¿Qué significa para ti este dicho? ¿Cómo se pudiera aplicar en la vida? Da un ejemplo.

   _____

Actividad C3.2 Accenting esdrújula words. All the following are **esdrújula** words, so all need to be written with accent marks. Rewrite the word and put the accent where it should go.

1. academico _____	11. atmosfera _____	21. colera _____
2. aguila _____	12. autentico _____	22. comico _____
3. analisis _____	13. Barbara _____	23. democratico _____
4. antipatico _____	14. camara _____	24. dinamico _____
5. animo _____	15. capitulo _____	25. dramatico _____
6. arabe _____	16. caracteristica _____	26. economico _____
7. catolico _____	17. catastrofe _____	27. electrico _____
8. aristocratico _____	18. cientifico _____	28. escandalo _____
9. articulo _____	19. cinico _____	29. espectaculo _____
10. artistico _____	20. clinica _____	30. fantastico _____

Actividad C3.3 Accenting llana words. All the following are **llana** words. Mark with an **X** the ones that need an accent. (Not all of these words need accents.)

_____	1. horrible	_____	8. cesped	_____	15. memorandum
_____	2. facil	_____	9. angel	_____	16. rico
_____	3. debil	_____	10. comida	_____	17. caracter
_____	4. ladrones	_____	11. arbol	_____	18. dormilones
_____	5. util	_____	12. fertil	_____	19. elegante
_____	6. fuerte	_____	13. tierra	_____	20. lapiz
_____	7. huesped	_____	14. cambian		

Actividad C3.4 Accenting aguda words. All the following are **aguda** words. Mark with an **X** the ones that need an accent.

_____	1. adios	_____	11. entendio	_____	21. Rene
_____	2. comprare	_____	12. pretendio	_____	22. David
_____	3. balcon	_____	13. ladron	_____	23. Ramon
_____	4. rincon	_____	14. interes	_____	24. Pilar
_____	5. frances	_____	15. comun	_____	25. despues
_____	6. español	_____	16. acabar	_____	26. Cortez
_____	7. pared	_____	17. entender	_____	27. Cortes
_____	8. Concepcion	_____	18. sofa	_____	28. quizas
_____	9. voluntad	_____	19. cafe	_____	29. asi
_____	10. papel	_____	20. Manuel	_____	30. aqui

Actividad C3.5 Accenting sobresdrújula words. Rewrite the word and add the accent where needed.

1. Tragatelo. _____
2. Echaselos. _____
3. Pongaselas. _____
4. Compratelo. _____
5. Deletrealo. _____

6. Limpiandoselo. _____
7. Cometela. _____
8. Vendaselos. _____
9. Tirasela. _____
10. Traigamelo. _____

Actividad C3.6 Adding the accent where needed. Mark with an **X** the words that need an accent.

_____	1. horrible	_____	12. protestante	_____	23. tragedia
_____	2. republica	_____	13. dificultoso	_____	24. solucion
_____	3. teatro	_____	14. penso	_____	25. soluciones
_____	4. comida	_____	15. pensaron	_____	26. democracia
_____	5. japones	_____	16. pensar	_____	27. democratico
_____	6. catolico	_____	17. piensas	_____	28. debil
_____	7. cientifico	_____	18. pensamos	_____	29. fuerte
_____	8. estados	_____	19. pensaste	_____	30. muchachito
_____	9. dijo	_____	20. tipico	_____	31. huesped
_____	10. entendio	_____	21. español	_____	32. huespedes
_____	11. hispanico	_____	22. magnifico	_____	33. nacion

_____ 34. lagrima   _____ 39. Gabaldon   _____ 44. cambiaremos
_____ 35. ladron   _____ 40. fisico   _____ 45. rico
_____ 36. Cortez   _____ 41. recien   _____ 46. riquisimo
_____ 37. Ramirez   _____ 42. tambien   _____ 47. Valdez
_____ 38. Rodriguez   _____ 43. cambian   _____ 48. Valdes

Actividad C3.7 Mark with an **X** the words that need an accent. Write the accent where needed.

_____ 1. jardines   _____ 8. limones   _____ 15. situacion
_____ 2. pasion   _____ 9. millones   _____ 16. situaciones
_____ 3. determinacion   _____ 10. interes   _____ 17. decision
_____ 4. sesiones   _____ 11. corazon   _____ 18. ambiciones
_____ 5. almacen   _____ 12. ladron   _____ 19. campeones
_____ 6. balcon   _____ 13. ladrones   _____ 20. dioses
_____ 7. comun   _____ 14. leccion   _____ 21. dios

Actividad C3.8 Accents on **-mente** words. Rewrite the word and write the accent if necessary.

1. periodicamente _____   12. fundamentalmente _____
2. telegraficamente _____   13. extremadamente _____
3. ricamente _____   14. legitimamente _____
4. fisicamente _____   15. timidamente _____
5. simplemente _____   16. tradicionalmente _____
6. dramaticamente _____   17. principalmente _____
7. practicamente _____   18. cortesmente _____
8. locamente _____   19. fatalmente _____
9. francamente _____   20. verticalmente _____
10. delicadamente _____   21. estupidamente _____
11. publicamente _____

Actividad C3.9 Using accented words in original sentences. Write your own sentence with each of the following words.

Modelo: papá   _Mi papá trabaja en una oficina._

1. mamá: _____

2. así: _____

3. aprendió:_____

4. árbol: _____

5. lástima: _____

6. pensó: _____

7. cambiaré:_____

8. compré: _____

9. habló: _____

10. artístico: _____

11. depósito: _____

12. depositó: _____

13. único: _____

14. comprándomelas: _____

15. automóvil: _____

16. detrás: _____

17. avión: _____

18. rápidamente: _____

19. perdió: _____

20. ridículo: _____

Actividad C3.10 Adding the written accent. Rewrite the sentence and write the accents where necessary.

1. El niño hablo con su mama el sabado.

   _____

2. La universidad esta cerca del parque central.

   _____

3. Margarita y Joaquin comeran con Hector el viernes que viene.

   _____

4. La señora Velasquez presento a su hermana Leonor y despues platico con Jose Gomez.

   _____

5. Yo pedi una manzana y un platano.

   _____

6. Algun dia ire a España; entonces visitare tambien Paris, Londres y Berlin.

   _____

7. Verónica bailo con Enrique y Maria del Carmen bailo con Raul.

   _____

8. Aquel pobre hombre chaparro y panzon esta detras del cañon en el parque militar.

   _____

9. Se me perdio mi ultimo lapiz cuando estaba en la carcel de Ciudad Juarez.

   _____

10. Vamos a jugar despues de que llegue el campeon mundial.

    _____

11. Pedrito es un niño muy juguetón a quien le gusta escribir con un boligrafo negro, especialmente en las paredes blancas.

    _____

12. Su papa se enoja muchisimo y lo regaña gritandole muy fuerte.

    _____

Actividad C3.11 Monosyllabic words with or without accents. Choose the appropriate monosyllabic word in parenthesis.

1. José Inés está viviendo en _____ (mi/mí) casa.

2. El congresista no tuvo _____ (mas/más) opciones que decir la verdad.

3. El pueblo dice que _____ (él/el) es el candidato perfecto para la presidencia.

4. Mi madre me dice que _____ (tú/tu) eres un holgazán.

5. Ellos están tomando _____ (te/té) de orégano para la tos.

6. _____ (Te/Té) lo voy a aclarar para que no tengas ninguna duda.

7. No _____ (se/sé) si es verdad lo que ellos dicen.

8. Aunque yo no _____ (se/sé) de qué se trata, voy a dar mi opinión.

Actividad C3.12 Accents in monosyllabic words. Choose the appropriate word within the parentheses.

1. A mí me dijeron que él es de San Juan, pero yo no _____ (se/sé); no _____ (se/sé) le nota porque no habla como _____ (si/sí) fuera puertorriqueño.

2. Bueno, el año pasado, cuando se nos murió mi abuelito, el _____ (si/sí) estaba en Puerto Rico, pero _____ (solo/sólo) de visita.

3. Entonces _____ (aun/aún) era ciudadano español, pero _____ (tu/tú) primo me dijo que luego _____ (se/sé) hizo ciudadano de los Estados Unidos.

4. Y _____ (mas/más) de _____ (el/él) no _____ (se/sé). Nada _____ (mas/más) sé que a mí no me cae muy bien.

5. No _____ (se/sé) por qué, y no me pidas que _____ (te/té) dé mis razones.

6. Porque como _____ (tu/tú) bien sabes, a veces la vida es como una taza

   de _____ (te/té): redonda y amarga.

7. Bueno, _____ (si/sí) te encuentras con _____ (el/él), no le des mi número de teléfono porque no quiero que me llame y que se entere de que me he sacado la lotería.

Actividad C3.13 Reconocimiento de ideas similares. Lee la oración principal de cada sección y luego las cuatro oraciones que la siguen. Pon atención para ver cuál contiene la misma idea que la oración principal. Luego escribe **igual** si la idea es la misma o **diferente** si no lo es.

> **Modelo:** *Oración principal:* Las mujeres a veces son más fuertes que los hombres, pero generalmente no quieren que los hombres lo sepan.
>
> **igual**   **1.** Las mujeres no quieren que los hombres descubran que ellas son fuertes.
> **diferente**   **2.** Los hombres saben que son más fuertes que las mujeres.
> **diferente**   **3.** La mujer debe tener más derechos civiles que el hombre.
> **diferente**   **4.** El hombre calla la verdad de su condición física.

a. *Oración principal:* De vez en cuando olvidamos lo que no queremos recordar.

   _____ 1. La mala memoria generalmente es voluntaria.

   _____ 2. Nunca nos olvidamos de nada.

   _____ 3. Cuando no queremos recordar, a veces no lo hacemos.

   _____ 4. La mala memoria no existe.

b. *Oración principal:* El descubrimiento del Nuevo Mundo se considera un hecho muy importante en la historia de la humanidad.

   _____ 1. El Nuevo Mundo fue descubierto por la humanidad.

   _____ 2. El descubrimiento de América fue importante para el mundo entero.

   _____ 3. La historia de la humanidad tiene mucha importancia.

   _____ 4. El descubrimiento del Nuevo Mundo es sólo parte de la historia de unos cuantos países.

c. *Oración principal:* Los deportes tienen que ser parte de la educación de los jóvenes porque el ejercicio físico es necesario en la vida de todos.

   _____ 1. Uno de los componentes de la educación de todos los niños y adolescentes debe ser el ejercicio físico.

   _____ 2. Los deportes no existen en la vida de todos.

   _____ 3. No debe haber deportes en las escuelas públicas porque necesitamos el dinero para otras cosas.

   _____ 4. Los jóvenes necesitan una buena educación.

d. *Oración principal:* Los accidentes automovilísticos suceden más frecuentemente si los vehículos están en malas condiciones.

   _____ 1. Los accidentes suceden siempre con mucha frecuencia.

   _____ 2. Los vehículos en buenas condiciones causan accidentes con frecuencia.

   _____ 3. Los accidentes de vehículos son más frecuentes que los accidentes de motocicletas.

   _____ 4. Cuando los automóviles están en malas condiciones tienen más accidentes.

e. *Oración principal:* Muchas personas dedican sus horas libres a ver televisión, leer el periódico o reunirse con amigos.

———— 1. Mis amigos y yo nos reunimos para ver televisión en el bar.

———— 2. Muchas personas no tienen tiempo de leer el periódico.

———— 3. Cuando no está trabajando, mucha gente descansa viendo televisión, leyendo el periódico o platicando con amigos.

———— 4. Muchas personas pasan todo el día viendo televisión, leyendo el periódico o contando chismes.

f. *Oración principal:* Una de las decisiones más importantes en la vida de los jóvenes es la selección de una carrera (una profesión).

———— 1. Para los jóvenes, es muy importante decidir qué carrera van a seguir.

———— 2. La selección de una carrera es una decisión de gran importancia para la gente mayor.

———— 3. Los jóvenes necesitan estudiar mucho antes de escoger una profesión.

———— 4. Las carreras deben seleccionarse antes de los dieciocho años.

g. *Oración principal:* La presencia de las mujeres en diferentes profesiones ya encuentra menos resistencia en el mundo de hoy en día.

———— 1. El mundo moderno acepta cada vez más a la mujer en distintas profesiones.

———— 2. Las mujeres se resisten a participar en la vida profesional de la sociedad contemporánea.

———— 3. Hoy en día ya no hay mujeres profesionistas porque el mundo se niega a aceptarlas.

———— 4. Hay cada vez más profesiones en el mundo actual porque las mujeres insisten en quedarse en la casa.

h. *Oración principal:* Las nuevas generaciones, conscientes de los peligros del cáncer, quizá rechacen (no acepten) el vicio del tabaco.

———— 1. Es posible que las nuevas generaciones decidan no fumar para así cuidar su salud.

———— 2. Aunque los jóvenes saben que el cigarro es peligroso, las estadísticas revelan que son cada vez más los que fuman.

———— 3. Hay que empezar a fumar cuando uno es muy joven.

———— 4. La juventud de hoy no sabe que es peligroso fumar.

i. *Oración principal:* Los anuncios de televisión de vez en cuando son divertidos y, en general, ayudan al público.

———— 1. No hay anuncio de televisión que no sea divertido.

———— 2. Todos los televidentes siempre se divierten con los anuncios de televisión.

———— 3. Algunos anuncios de televisión son divertidos y al mismo tiempo ayudan a informar al público.

———— 4. De vez en cuando salen anuncios en la televisión pero no mucho.

j. *Oración principal:* La decadencia del centro de las grandes metrópolis de los Estados Unidos es un problema que preocupa a muchos ciudadanos de este país.

———— 1. Mucha gente se preocupa porque los jóvenes de hoy son una bola de decadentes y drogadictos.

———— 2. Los ciudadanos de los Estados Unidos son un problema.

_____ 3. El centro de muchas ciudades de los Estados Unidos está en decadencia y esto preocupa a mucha gente.

_____ 4. Hay muchos decadentes y degenerados que caminan por las calles de Los Ángeles y Nueva York.

k. *Oración principal:* En algunos países de Latinoamérica, el contraste entre la vida opulenta (de mucha riqueza) de los ricos y la pobreza de la mayoría de la población es todavía una amarga realidad.

_____ 1. Todavía hay un gran contraste entre la forma en que viven los ricos y los pobres en ciertos países hispanoamericanos.

_____ 2. Todos los países del mundo tratan de destruir el contraste entre la vida de pobres y ricos.

_____ 3. Va desapareciendo poco a poco la diferencia entre la opulencia y la pobreza en toda Latinoamérica.

_____ 4. El contraste entre pobres y ricos ya no puede verse en ningún país latinoamericano.

l. *Oración principal:* Los artistas de un país sirven de embajadores internacionales a través del lenguaje universal de la belleza.

_____ 1. Todos los embajadores y políticos deberían ser artistas también.

_____ 2. El que pinta o canta representa en todas partes a su nación porque lo hermoso se aprecia dondequiera.

_____ 3. Para poder llegar a diplomático, hay que ser un artista reconocido y astuto.

_____ 4. Los artistas y los músicos deben aprender muchos idiomas antes de viajar.

m. *Oración principal:* Muchas mujeres con fama de ser hermosas han dicho que es más importante que una muchacha sea guapa a que sea inteligente.

_____ 1. Muchas señoras bellas opinan que vale más la hermosura en las jóvenes que la inteligencia.

_____ 2. Las mujeres hermosas afirman rotundamente que lo más importante es estudiar hasta las altas horas de la noche.

_____ 3. Es necesario que las muchachas de hoy en día se vistan bien y usen mucho maquillaje.

_____ 4. Todas las mujeres creen que es más importante ser guapa que ser inteligente.

n. *Oración principal:* Es posible que en un futuro cercano el uso del automóvil, tal y como lo conocemos nosotros, vaya desapareciendo.

_____ 1. En el mundo actual se abusa tremendamente del automóvil.

_____ 2. Ya no habrá automóviles en el futuro porque se nos está acabando la gasolina.

_____ 3. Dentro de unos años es posible que cambie la manera en la que utilizamos el automóvil.

_____ 4. Como nos estamos envenenando y asfixiando con tanto carro, lo más probable es que el mundo se vaya a acabar.

ñ. *Oración principal:* Después de descansar unos momentos, el joven de la camisa rota y la cara golpeada se acercó a los dos niños que comían dulces y reían de gusto.

_____ 1. El joven rubio y simpático se acercó a dos niños contentos que estaban comiendo cuchifritos.

_____ 2. El joven que se acercó a los niños que comían dulces traía la camisa destrozada y se notaba que lo habían golpeado.

_____ 3. Los dos niños golpearon al joven que venía cansado hasta romperle la camisa.

_____ 4. El niño que comía dulces se acercó al joven cansado de la camisa rota.

Actividad C3.14 La comprensión. Escribe tu respuesta a cada una de estas preguntas.

1. ¿Por qué se encuentra Lluvia en el hospital y cuidada por un guardia?

_____

2. ¿Por qué no amamanta al niño y tiene que hacer uso de un tiraleches?

_____

3. ¿A qué se refiere Lluvia cuando dice «Cocinar con un encendedor y un bote para prender la piedra filosofal de mi loquera»?

_____

4. ¿Por qué sale del hospital Lluvia dejando a su recién nacido?

_____

5. ¿Quién levanta a Lluvia?

_____

6. ¿Por qué suda Lluvia al subir al carro?

_____

7. ¿Cuál es el destino de Lluvia?

_____

Capítulo 4

Cada loco con su tema

Actividad C4.1 Contesta las siguientes preguntas.

1. ¿Conoces en inglés un dicho que se le parezca al de «Cada loco con su tema»?

   _____

2. ¿Qué significa para ti este dicho? ¿Cómo se pudiera aplicar en la vida? Da un ejemplo.

   _____

Actividad C4.2 En el espacio en blanco, escribe una palabra de la primera lista de la página 51 del libro de texto que pueda sustituir la palabra o frase subrayada. Haz los cambios necesarios.

Modelo: <u>La madre de la mamá</u> de Adolfo regresó a Miami anoche.
           La abuela de Adolfo regresó a Miami anoche.

1. José Luis quiere <u>dejar</u> _____ a su esposa por otra mujer.

2. Él <u>terminó</u> _____ su tarea antes de las diez.

3. El esclavo le <u>tenía un odio terrible</u> _____ a su amo.

4. Las plantas necesitan <u>fertilizante</u> _____ para crecer bien.

5. <u>El padre de mi mamá</u> _____ se llama Joaquín.

Actividad C4.3 En cada uno de los siguientes grupos, escribe la palabra que no se relacione con las otras dos porque expresa algo opuesto a lo que expresan ellas.

Modelo: café, leche, manzana
           <u>manzana</u> (no es una bebida)

1. invierno   julio   agosto   _____

2. avispa   abeja   mula   _____

3. abril   calcetines   sobretodo   _____

4. castigar   abrazar   acariciar   _____

5. abordar   subir   bajar   _____

Actividad C4.4 Completa las siguientes oraciones con las palabras apropiadas de la primera lista de la página 51 del libro. Haz todos los cambios necesarios.

1. Si una persona tiene una gran cantidad de dinero, se puede decir que tiene

   dinero en _____.

2. Cuando alguien tiene la costumbre de hacer una cosa, se puede decir que está _____ a hacerla.

3. Muchos padres no permiten que sus hijos hagan ciertas cosas porque no las _____.

4. Cuando no se comía carne los viernes, se decía que había _____ de carne.

5. Una persona que se dedica a defender en un juicio los derechos de los litigantes

   es un _____.

Actividad C4.5 Escribe la palabra que más exactamente exprese un concepto *opuesto* al de la palabra subrayada.

1. <u>arriba</u>   adentro   detrás   ayer   abajo   de prisa   donde   _____

2. <u>aburrido</u>   cansado   contento   entretenido   inteligente   _____

3. <u>barato</u>   corriente   fino   extensivo   caro   venta   _____

4. <u>bajar</u>   encontrar   acaparar   suplir   surgir   subir   _____

5. <u>arribar</u>   llegar   salir   subir   escalar   superar   _____

Actividad C4.6 Encuentra una palabra de la segunda lista de la página 51 del libro de texto que pueda *sustituir* a la palabra o frase subrayada. Escribe la palabra en el espacio en blanco. Haz los cambios necesarios.

1. Cuando vio a la muchacha, él tuvo una <u>sorpresa</u>. _____

2. La familia de Rebeca vive en un <u>vecindario</u> muy pobre. _____

3. El candidato a presidente municipal tiene unas <u>cualidades</u> muy atractivas, según dice

   Rebeca. _____

4. La mamá de Rebeca pudo comprar café a un precio muy <u>reducido</u>, debido a la visita del

   candidato. _____

5. El policía <u>usó mal</u> su autoridad al pegarle al joven que protestaba las acciones del

   candidato. _____

Actividad C4.7 Completa las siguientes oraciones con las palabras apropiadas de la segunda lista de la página 51 del libro de texto.

1. Esta olla india está hecha de _____.

2. «Ya _____ de tanta injusticia», dijo el líder.

3. El _____ tiene una gran influencia en lo que aprenden los niños.

4. La _____ de los representantes de los países hispanoamericanos tendrá lugar en el salón mayor.

5. El barco se hundió al entrar en la _____.

6. Una maleta muy grande que se lleva en un viaje se llama también _____.

7. Un acto o juicio que no se hace de acuerdo con las leyes existentes se dice que es _____.

8. Un instrumento que se usa para pesar cosas es una _____.

9. Una persona que desea ardientemente la gloria o la fortuna es una persona que tiene _____.

Actividad C4.8 En cada uno de los grupos, escribe a la derecha la palabra que no se relacione con las otras.

1. bigote   cejas   pestañas   mejilla   _____

2. banco   silla   asiento   sofá   alfombra   _____

3. diente   labios   saco   nariz   lengua   _____

4. novio   boda   padrinos   iglesia   sartén   _____

5. barco   canoa   buque   espejo   nave   _____

Actividad C4.9 Escribe a la derecha la palabra que más se aproxime en significado a la palabra subrayada.

1. beber   consumir   comer   tomar   tragar   masticar   _____

2. bonito   asombroso   abundante   bello   feo   atributo   _____

3. batalla   asamblea   bahía   abono   guerrilla   combate   _____

4. base   beca   barba   fundamento   absoluto   banco   _____

5. bandera   estandarte   cinto   país   himno   seda   _____

Actividad C4.10 Busca las palabras de la tercera lista de la página 52 del libro de texto que mejor completen las siguientes oraciones y escríbelas en los espacios en blanco. Haz todos los cambios necesarios.

1. Cuando oyó la música de la serenata, la muchacha salió al _____.

2. El príncipe _____ a la princesa en la frente y ella despertó de un profundo sueño.

3. Él no traía dinero porque traía los _____ vacíos.

4. Hay quienes dicen que aún no han desaparecido las _____ que no permiten que la gente de color avance en la vida.

5. Para que salga bien este pastel, hay que _____ los ingredientes por diez minutos.

6. Ese muchacho es un mal educado. Siempre se porta como un _____.

Actividad C4.11 Escribe en el espacio de la derecha la palabra que más exactamente exprese un concepto *opuesto* al de la palabra subrayada.

1. borrar   asombrar abusar abonar repetir escribir   _____

2. belleza   hermosura riqueza fealdad horror miedo   _____

3. bendición   balanza maldición decisión maldad   _____

4. blancura   espesura verdura abertura negrura   _____

5. brazo   pulsera pierna cuello codo mano   _____

6. bondad   caridad maldición maldad amabilidad amistad _____

7. bienestar   tranquilidad beneficio malestar malhecho _____

8. bien   peor bueno mejor mal maldito   _____

9. beneficio   bachillerato ambición daño perjuicio   _____

10. bosque   selva jungla desierto montaña jardín   _____

Actividad C4.12 En el espacio en blanco, escribe una palabra de la cuarta lista de la página 52 del libro de texto que pueda sustituir la palabra subrayada. Haz los cambios necesarios.

1. Todos se rieron del chiste _____ que contó Mario.

2. Pero cuando el pobre de Mario se equivocó en el piano, todos sus amigos se mofaron _____ de él.

3. Y luego unos criminales hasta pusieron un explosivo _____ en el automóvil de Mario.

4. Pero como la máquina de sacar agua _____ no funcionaba, no explotó.

5. Ya están empezando a crecer _____ las semillas de tomate que Marta plantó hace dos meses.

6. El hombre fantasma estaba en la orilla _____ del río cuando Marta se cayó del puente y se ahogó.

7. En su testamento Marta dejó mucho dinero para ayudar _____ a los pobres.

8. Lo hermoso _____ siempre es agradable, pero en el caso de Marta lo trágico nos afecta profundamente.

Actividad C4.13 Completa las siguientes oraciones con la palabra que corresponda de la quinta lista de la página 53 del libro de texto. Haz los cambios necesarios.

1. La gasolina es el _____ que se usa en los automóviles.

2. Se empezó la _____ del joven que se perdió en el desierto a las once de la noche.

3. Las personas que son pelirrojas tienen el _____ rojo.

4. El hombre iba tan enojado que salió del cuarto empujando _____ a la viejecita.

5. La independencia de los Estados Unidos se _____ el cuatro de julio.

Actividad C4.14 En el espacio en blanco, escribe un sinónimo de la palabra o frase equivalente a la palabra subrayada. Usa una de las palabras de la quinta lista de la página 53 del libro de texto. Haz los cambios necesarios.

1. Miguel es el dependiente más <u>descortés</u> _____ de la tienda.

2. La familia de Margarita se va a <u>mudar</u> _____ de casa.

3. Los estudiantes de la preparatoria piensan <u>cooperar</u> con lo _____ de la universidad en ese programa.

4. Hay que <u>luchar en contra de</u> _____ la drogadicción.

5. Muchos de nosotros usamos nuestra <u>mente</u> _____ para pensar.

Actividad C4.15 De la quinta lista de la página 53 del libro de texto, escoge una palabra que se asocie con cada uno de los siguientes grupos de palabras. Luego escribe esa palabra en el espacio en blanco.

1. ojos   nariz   cabello   orejas   _____

2. oro   plata   cobre   aluminio   _____

3. alto   inteligente   simpático   amable   _____

4. gato   tigre   elefante   león   perro   _____

5. fiesta   baile   aniversario   agasajo   _____

Actividad C4.16 Para cada una de las siguientes palabras, escoge de la sexta lista de la página 53 del libro de texto una palabra que exprese un concepto *opuesto*.

1. valiente   _____   5. arriba   _____

2. pagar   _____   6. sencillo   _____

3. descubrir   _____   7. desdoblar   _____

4. agradable   _____   8. valentía   _____

Actividad C4.17 Completa las siguientes oraciones con palabras de la sexta lista de la página 53 del libro de texto. Haz los cambios necesarios.

1. Para entrar en ciertos restaurantes elegantes los caballeros necesitan usar _____.

2. El _____ de América por los europeos se llevó a cabo en 1492.

3. La niña _____ un antiguo retrato de su mamá.

4. Las personas responsables cumplen con su _____.

5. Marta trató de _____ al ladrón, pero no se acordó de muchos detalles.

6. Adalberto estaba en estado de _____ cuando dijo que había visto al _____.

Actividad C4.18 Escribe a la derecha la palabra cuyo significado se aproxime más al de la palabra subrayada.

1. <u>distribuir</u>   batir   basar   repartir   bastar   balancear   recoger   _____

2. <u>deber</u>   beber   arribar   tener   obligación   responsable   _____

3. <u>cubierta</u>   forro   lámpara   ambiente   descubrir   baraja   balanza   _____

4. <u>costumbre</u>   acostumbrar hábito cambio costura borrador bordar   _____

5. <u>diablo</u>   ángel burla bíblico cobarde brillante demonio   _____

Actividad C4.19 La comprensión. Escribe tu respuesta a cada una de estas preguntas sobre el contenido del cuento.

1. ¿Cómo se llama la protagonista?

   _____

2. ¿Usted cree que tiene problemas de comportamiento?

   _____

3. ¿Qué problema tiene con su marido?

   _____

4. ¿Cómo actúa el marido de ella?

   _____

5. El marido no se caracteriza por lo que dice o piensa sino por sus acciones. ¿Puedes mencionar algunas de ellas y cómo pueden interpretarse?

   _____

6. ¿Cómo reacciona Margarita cuando se da cuenta de que su marido la ha abandonado? ¿Por qué?

   _____

7. Margarita tiene una pesadilla durante los pocos minutos en que se permite descansar. ¿De qué se trata su sueño? ¿Tiene algún significado?

   _____

   _____

8. ¿Qué recuerdos tiene la protagonista de su infancia?

   _____

9. Cuando toda la casa brilla, ¿qué desencadena otra vez la suciedad?

   _____

10. ¿Qué le ocurre a Margarita cuando cae al suelo?

    _____

11. ¿Qué sucede al final de la narración?

    _____

Capítulo 5

Estudiante y a mucha honra

Actividad C5.1 Contesta las siguientes preguntas.

1. ¿Conoces en inglés un dicho que se le parezca al de «Estudiante a mucha honra»?

   _____

2. ¿Qué significa para ti este dicho? ¿Cómo se pudiera aplicar en la vida?

   _____

Actividad C5.2 Encuentra una palabra de la séptima lista de la página 68 del libro de texto que exprese las siguientes ideas y escríbela en el espacio en blanco.

   Modelo: lo que sufres cuando no has comido   <u>hambre</u>

1. animal del sexo femenino   _____
2. costumbre   _____
3. domicilio, cuarto   _____
4. algo extraordinario que parece ser de cuento   _____
5. lugar donde se manufactura algo   _____
6. cuerpo en forma de esfera, bola llena de aire o gas _____
7. conversar, charlar, platicar   _____
8. conjunto de personas que administran un país   _____

Actividad C5.3 Completa las siguientes oraciones con palabras de la séptima lista de la página 68 del libro de texto.

1. Cuando ese niño se resfría, siempre le da una _____ muy alta.

2. La fiesta para el nuevo _____ de Costa Rica fue en la _____ mexicana.

3. Esta ciudad tiene seiscientos mil _____.

4. El hombre tenía mucha _____ porque no había comido en tres días.

5. El lunes habrá una _____ de fotografías en la universidad.

Actividad C5.4 Llena los espacios en blanco con una de las palabras que aparecen a continuación según el contexto.

haber	hábil	habilidad	habitación
habitantes	hábito	habitual	habitaban

1. Va a _____ una fiesta el sábado.

2. Sé que Magdalena tiene la _____ de aprender si estudia.

3. Juan es un muchacho tan _____ que aprende en un dos por tres.

4. Antes de vivir en el norte del país, ellos _____ en el sur.

5. Una acción que se repite y se hace se puede decir que es un _____.

6. Todos los _____ de este país no cabrían en esta _____.

Actividad C5.5 Llena el espacio en blanco con una palabra de la octava lista de la página 68 del libro de texto que exprese cada una de las siguientes ideas.

1. Algo que no puede creerse es _____.

2. Algo que no puede enumerarse o contarse es _____.

3. Algo que no se puede soportar es _____.

4. Algo que no se puede definir es _____.

5. Una persona que no tiene sentido de responsabilidad es _____.

6. Algo que nunca termina es _____.

7. Algo que no se puede poner en duda es _____.

8. Algo que no se puede resistir es _____.

9. Algo que no se puede discutir es _____.

10. Dos cosas que no se pueden separar son _____.

Actividad C5.6 Llena el espacio en blanco con la palabra más indicada de la octava lista de la página 68 del libro de texto.

1. En el _____ de química se acaban de hacer unos experimentos.

2. Este _____ del campo se dedica a la tierra.

3. Algunas empresas fabricantes de _____ son muy _____ porque contaminan los ríos con sus productos de desecho.

4. Es _____ que Zenaida se ha lastimado el _____ trabajando demasiado rápido.

5. Antes de lastimarse, era _____ que Zenaida tenía una mirada francamente _____.

Actividad C5.7 Llena los espacios en blanco con palabras de la novena lista de la página 69 del libro de texto.

1. En la constitución de los Estados Unidos hay garantías de _____ para todos los ciudadanos.

2. Los reyes, reinas, princesas y príncipes se consideran parte de la _____ de un país.

3. Agustín Yáñez es _____ de la más alta sociedad capitalina y tiene roce constante con reyes y princesas.

4. Los padres de Agustín siempre han insistido en que él debe _____ los.

5. Quizás por eso Agustín vive en unión _____ con una mujer de mala fama.

Actividad C5.8 Escribe una palabra de la novena lista de la página 69 del libro de texto que se relacione con cada uno de los siguientes grupos.

1. trabajo   labor   producción   _____

2. boca   dientes   lengua   _____

3. sacerdote   iglesia   catedral   _____

4. radical   conservador   progresista   _____

5. extraordinario   famoso   valioso   _____

Actividad C5.9 Llena el espacio en blanco con la forma apropiada de la palabra entre paréntesis.

1. El muchacho nunca _____ (obedecer) a su mamá.

2. Ayer se _____ (nombrar) a un nuevo jefe de producción.

3. Muchos grupos minoritarios se están _____ (librar) de los obstáculos que los han detenido.

4. La noche estaba tan _____ (obscuro) que no se veía nada.

5. El señor Julio _____ (obligar) a su hija Marisela a estudiar.

Actividad C5.10 Escoge una de las palabras a continuación para llenar los siguientes espacios.

insoportable	nombre	niebla	apellido
obra	nubes	lamentable	obrero

1. Cuando hay mucha _____ no hay visibilidad. En cambio cuando no hay _____ podemos ver el sol.

2. Mi primer _____ es el que recibí en el bautizo y mi _____ lo heredé de mi familia.

3. El trabajo que hace un _____ se llama _____, que también puede ser trabajo de arte.

4. Cuando hay pérdidas humanas en los accidentes podemos decir que es algo

   _____. Cuando no toleramos el dolor decimos que es

   algo _____ .

Actividad C5.11 Encuentra una palabra de la décima lista de la página 69 del libro de texto que defina los siguientes conceptos.

1. no permitir   _____

2. mes de la temporada de otoño   _____

3. sonido o conjunto de sonidos que expresan una idea   _____

4. conjunto de personas que habitan en algún lugar   _____

5. persona de poco dinero   _____

6. algo que puede hacerse   _____

7. ensayar o experimentar con alguna cosa   _____

8. grupo de personas que asisten a un concierto   _____

9. dificultad, cuestión complicada   _____

10. resistencia violenta contra la autoridad   _____

Actividad C5.12 Escribe en el espacio en blanco una palabra de la décima lista de la página 69 del libro de texto que puede sustituir las palabras subrayadas.

1. El asesino salió de las <u>obscuras sombras</u> (_____) después de que había

   anochecido y le <u>quebró</u> (_____) a Manuel la tibia.

2. Eso le dio tanto susto que ahora es <u>justo</u> (_____) creer que Manuel ha sufrido un colapso nervioso.

3. Sin embargo no tenemos ninguna <u>evidencia</u> (_____) de que Manuel esté loco.

4. De todos modos ya estamos tratando de <u>conseguir</u> (_____) dinero para mandarlo a Guadalajara a fin de que pueda hablar largamente con su siquiatra.

5. Porque el pobre no puede <u>comprender</u> (_____) cuáles son las verdaderas causas de su problema.

Actividad C5.13 Escoge la palabra apropiada de las dos palabras que aparecen entre paréntesis a continuación.

1. Yo nunca _____ (pruebo/probo) comida que no haya comido antes.

2. Muchos españoles _____ (pueblazos/poblaron) los países hispanoamericanos.

3. El año pasado, ese muchacho _____ (obtiene/obtuvo) las mejores calificaciones de toda su clase.

4. En estos últimos años se ha _____ (publica/publicado) mucha literatura escrita por hispanos que viven en los Estados Unidos.

5. Lourdes no _____ (percibía/percibo) que su novio no la quería.

Actividad C5.14 Escribe al lado derecho la palabra que esté correctamente escrita. (Cada renglón tiene sólo una.)

1. obsicuridad, obscuridad, obsuridad _____
2. lavio, labío, labio _____
3. obediencia, obedencia, obedienza _____
4. población, poblasión, poblacion _____
5. hierba, heirba, heriba _____
6. jabon, jabón, javón _____
7. fúnebre, fonébre, funebre _____
8. enbarcar, enbarkar, embarcar _____
9. embraguez, embriaguez, ebriaguez _____
10. covardía, cobardia, cobardía _____

Actividad C5.15 Llena los espacios en blanco con las palabras que aparecen a continuación.

sábanas	responsable	respetable	robusto	rubia	sabio
sobraban	sabroso	soberbio	robo	resbaló	

1. Después del _____, llegó el _____ detective.
2. Como era un hombre muy _____ y se creía todo un _____, pensó que pronto solucionaría el misterio.
3. Sin embargo, _____ personas que querían colaborar con él.
4. Un hombre _____ de sombrero de copa se llevó las _____ para estudiarlas, mientras que una mujer _____ de cara sensible se _____ al querer llevarle un _____ platillo.
5. El sábado se supo más sobre el problema y seguramente al criminal _____ lo meten en la cárcel luego.

Actividad C5.16 Completa las siguientes oraciones con palabras de la undécima lista de la página 70 del libro de texto.

1. Una enfermedad muy contagiosa que les da a los perros se llama _____.
2. Una persona que tiene el cabello dorado es _____.
3. El día de la semana que sigue al viernes es _____.
4. Se dice que la comida que tiene buen sabor es _____.
5. Para tender una cama se necesitan _____.
6. Una prenda de vestir que se usa para protegerse la cabeza del sol se llama _____.
7. Llevarse sin permiso lo que pertenece a otra persona es _____.
8. Una persona que merece respeto es _____.

9. Hay que meter una carta en un _____ antes de echarla al buzón.

10. La acción de poner semillas en la tierra para que crezcan se llama _____.

Actividad C5.17 Contesta las siguientes preguntas por escrito.

1. ¿Cómo es la gente robusta?

_____

2. ¿Cómo es la gente responsable?

_____

3. ¿Cuál es el concepto **opuesto** a *soberbio*?

_____

4. ¿Cuál es la diferencia entre *dar* y *recibir*?

_____

5. ¿Cuál es la diferencia entre la palabra *sensible* en inglés y la palabra *sensible* en español?

_____

Actividad C5.18 Escribe en el espacio en blanco una palabra de la duodécima lista de la página 70 del libro de texto que pueda sustituir las palabras subrayadas.

1. Los policías descubrieron un pasaje <u>que estaba debajo de la tierra</u> (_____) por donde salieron los ladrones.

2. Uno de los ladrones quiere <u>ser superior</u> (_____) en el arte de abrir puertas sin llave.

3. Dice que roba tanto porque no puede <u>seguir viviendo</u> (_____) sin comer regularmente.

4. Se llama Gregorio pero su <u>apodo</u> (_____) es «El Fantasma» porque parece pasar por las puertas sin abrirlas.

5. Y ya cuando tiene reunido el dinero que necesita, no sale de la <u>cantina</u>

(_____) hasta que la cierran.

Actividad C5.19 Escribe una palabra de la duodécima lista de la página 70 del libro de texto que se relacione con cada uno de los siguientes grupos.

1. funeral   cementerio   muerte   _____

2. tío   primo   prima   _____

3. espantoso   horrible   horroroso   _____

4. fumar   cigarro   cigarrillo   pipa   _____

5. trepar   escalar   ascender   elevarse   _____

Actividad C5.20 Completa las oraciones siguientes con palabras de la duodécima lista de la página 70 del libro de texto.

1. El agua es una _____ líquida.

2. Hay muchas _____ primitivas que viven en el Brasil cerca del río Amazonas.

3. El _____ sentenció al criminal ese mismo día.

4. Cuando hace un frío tremendo, muchas veces se revientan los _____ de agua.

5. El hijo de mi hermano es mi _____.

6. A Magali le gusta estudiar y a mí me gusta hacerlo _____.

7. Si tocamos la puerta, no nos van a oír. Hay que tocar el _____.

8. Antes de echar una carta en el buzón, hay que ponerle un _____.

9. El niño sintió tanto miedo que una hora después todavía estaba muy _____.

10. Mucha gente se conforma con sólo _____ en este mundo, pero es necesario vivir la vida con alegría.

Actividad C5.21 Escribe en el espacio en blanco una palabra de la decimotercera lista de la página 71 del libro de texto que pueda sustituir las palabras subrayadas.

1. Por un corto (_____) instante, creí que Dionisio iba a enfurecerse.

2. Y todo porque en este momento él se encuentra sin empleo (_____).

3. Dionisio siempre quiere rebelarse (_____) contra el orden establecido.

4. Desde la perspectiva de la historia, se podía ver (_____) que su causa política estaba muy mal defendida.

5. Cuando el compañero le dijo que estaba equivocado, Dionisio se puso nervioso (_____).

Actividad C5.22 Escribe en el espacio en blanco una palabra de la decimotercera lista de la página 70 del libro de texto que se relacione con cada una de las siguientes ideas.

1. algo que puede verse _____

2. parte de la oración que expresa acción o estado _____

3. grupo de personas que trabajan en una casa como sirvientes _____

4. lo opuesto a rural _____

5. parte de una casa o edificio _____

Actividad C5.23 Escoge una palabra de la lista que represente un sinónimo (palabra que tiene el mismo significado) de cada una de las palabras subrayadas.

rebelión	repercusión	aturdir	evidente

1. Es obvio (_____) que los alumnos no le tienen respeto ni al maestro ni al director de la escuela. Por eso se sublevaron.

2. Y después de la sublevación (_____) de los estudiantes, quedaron suspendidas las clases.

3. Según el director, los estudiantes sólo vienen a <u>turbar</u> (_____) su tranquilidad con sus embrollos.

4. El día de la sublevación, se sentía como una <u>vibración</u> (_____) en el aire.

Actividad C5.24 Completa las siguientes oraciones con una de estas palabras de la siguiente lista.

trabajo	trabajoso	trabajando	trabajado	trabajador

1. Ella estaba _____ en el jardín cuando llegó Martín.

2. Aunque había _____ hasta las doce el día anterior, no se sentía cansado.

3. En esa tienda, buscan a un muchacho que sea _____.

4. Pedro anda buscando _____.

5. ¡Qué _____ es este rompecabezas! Mejor lo dejo para otro día.

Actividad C5.25 La comprensión. En las líneas en blanco que siguen, escribe tu respuesta a cada una de estas preguntas acerca de la lectura de «La niña sin alas».

1. ¿Cuándo toma lugar esta historia? ¿Por qué lo piensas así?

_____

2. ¿Cómo es la vida de la madre antes de quedar embarazada?

_____

3. ¿Cómo se enteró que la niña tenía problemas?

_____

4. ¿Qué problemas tenía la niña y por qué la hacía diferente a los otros de su misma especie?

_____

5. ¿Cuáles son los cuidados que la niña recibe de su madre?

_____

6. ¿Hay alguna preocupación por parte del padre? Explícate.

_____

7. ¿Qué problemas desencadena que la niña tenga una característica especial?

_____

8. ¿Cómo se soluciona el problema de la niña al final? ¿O piensas que no hubo solución?

_____

9. ¿Hay posibilidad de que la niña pueda tener una vida normal?

_____

10. ¿Qué arriesgó la madre por su hija?

_____

Actividad 5.26 Escribe una oración con las siguientes palabras y expresiones tomadas de nuestra selección literaria.

1. embarazada

_____

2. abortar

_____

3. bofetada

_____

4. bobas

_____

5. cuna

_____

6. descubrir

_____

7. impulso incontrolado

_____

8. brazos entrecruzados

_____

9. se volcó

_____

10. una postura dificilísima

_____

11. que se le pueda dar

_____

12. estaba enjabonando

_____

13. al tacto se notaba

_____

14. tener vocación

_____

Capítulo 6

Hombre prevenido vale por dos

Actividad C6.1 Contesta las siguientes preguntas.

1. ¿Conoces en inglés un dicho que se le parezca al de «Hombre prevenido vale por dos»?

   _____

2. ¿Qué significa para ti este dicho? ¿Cómo se pudiera aplicar en la vida?

   _____

Actividad C6.2 En el espacio en blanco, escribe una palabra de la primera lista de la página 84 del libro de texto que se relacione a los siguientes conceptos.

1. algo que no es verdadero; una imitación _____

2. lugar donde se guardan cosas; bodega _____

3. dejar ciego a alguien _____

4. acción de poner acentos _____

Actividad C6.3 En el espacio en blanco, escribe una palabra de la segunda lista de la página 84 del libro de texto.

1. Me gusta el vinagre y el _____ con la ensalada de lechuga y tomate.

2. Este cuchillo no se mancha porque es de _____ inoxidable.

3. Los _____ en la televisión me aburren y por eso me levanto a comer algo.

4. Ese muchacho tiene la _____ intelectual para seguir con sus estudios.

5. Roberto no se quiere _____ a los tigres porque les tiene miedo.

Actividad C6.4 En el espacio en blanco, escoge la forma apropiada de los verbos que están entre paréntesis.

1. Cuando se trata de su hijo, la mamá de Ramón se (cega/ciega) _____; no quiere ver nada de lo que le está pasando.

2. Ayer Rosa (acepta/aceptó) _____ el puesto que le ofrecieron.

3. Marco (apreciaba/aprecio) _____ mucho a ese profesor porque siempre lo trataba bien.

4. El mes que viene nosotros (anunciamos/anunciemos) _____ cuándo será el partido entre los dos equipos.

5. Yo nunca (acentuó/acentúo) _____ las palabras **fui, fue, di, dio, vi, vio**, etc., porque desde 1956 no se escriben con acento.

Actividad C6.5 En el espacio en blanco, escribe una palabra de la segunda lista de la página 84 del libro de texto.

1. Magdalena me contó el _____ de la película y por eso no fui a verla.

2. El detective pudo _____ quién había cometido el crimen.

3. La _____ moral del imperio romano contribuyó a su destrucción.

4. Alguna gente cree que a los niños hispanos no les gusta competir en la escuela. Creen erróneamente que la _____ es de los anglosajones no más.

5. Las _____ del profesor son interesantes pero tengo que tomar muchos apuntes.

Actividad C6.6 Escribe la forma correcta de la siguiente lista de palabras. (En cada renglón hay una sola.)

1. siencia   cencia   ciencia   _____

2. coincidir   coinsidier   coencidir   _____

3. ceniza   cenisa   cenissa   _____

4. sielo   ceilo   cielo   sigilo   _____

5. desir   dicir   decir   dijir   _____

Actividad C6.7 En el espacio en blanco, escribe una oración con cada una de las siguientes palabras.

1. decidir

_____

2. cocer

_____

3. conocer

_____

4. delicia

_____

5. conducir

_____

Actividad C6.8 Contesta por escrito las siguientes preguntas sobre algunas de las palabras de la tercera lista de la página 85 del libro de texto.

1. ¿Qué es una hacienda?

_____

2. ¿Cuántos elementos hay en una docena?

_____

3. ¿Cómo es una persona elocuente?

_____

4. ¿Cuál es la diferencia entre un **ejercicio** y un **ejército**?

_____

5. ¿Qué tipo de información se encuentra en una enciclopedia?

_____

Actividad C6.9 En el espacio en blanco, escribe una palabra de la tercera lista de la página 85 del libro de texto que tenga sentido.

1. La señora Velásquez se viste con gran _____.
2. El «Empire State» de Nueva York fue el _____ más alto del mundo por mucho tiempo.
3. Hay que _____ al perro para que no se escape.
4. A Javier no le gusta conducir cuando hay que ir _____.
5. Cuando no había _____ la gente usaba lámparas de petróleo.

Actividad C6.10 Relaciona la columna de la izquierda con la derecha. Despueś escribe una oración original con cada una de las palabras de la derecha.

1. En dirección a algún lugar es ir _____.   a. encender
2. Él va a _____ una silla.   b. hacer
3. Ayer _____ mucho frío.   c. hacía
4. José tiene una _____ de los medicamentos.   d. enciclopedia
5. Una _____ es donde encontramos   e. dependencia
   información de todo tipo.
                                                      f. hacia
6. El quiere _____ la televisión para verla.

1. _____

2. _____

3. _____

4. _____

5. _____

6. _____

Actividad C6.11 Escoge de la siguiente lista la respuesta que mejor conteste los siguientes enunciados.

1821	enhorabuena	herencia	farmacia	facilidades de pago

1. Dinero que se recibe después de la muerte de una persona   _____
2. El año en que se declaró la independencia de México   _____
3. Donde se compran los medicamentos   _____
4. Cuando se dan abonos de una cantidad total   _____
5. Se dice cuando se felicita a alguien por su cumpleaños   _____

Actividad C6.12 En el espacio en blanco, escribe una palabra de la cuarta lista de la página 85 del libro de texto que exprese un *concepto opuesto* al de cada una de las siguientes palabras.

1. acabar   _____
2. disgusto   _____
3. sabiduría   _____
4. ignorancia   _____

Actividad C6.13 Llena el espacio en blanco con una palabra de la cuarta lista de la página 85 del libro de texto

1. Esta lección no tomará mucho tiempo porque es muy _____.
2. Pedro es muy _____; no le gusta esperar.
3. A Guillermo se le acusó de haber robado cien dólares, pero dijo que era _____.
4. Hoy en día, si se quiere conseguir un buen trabajo hay que tener muchos amigos que tengan _____.
5. Celebramos la fiesta de la _____ de los Estados Unidos el cuatro de julio.

Actividad C6.14 Escribe el significado de las palabras subrayadas en el espacio en blanco.

1. Tengo que hacer un viaje de <u>negocios</u> al Canadá. Mi jefe me manda a solucionar un problema. _____
2. Queremos <u>iniciar</u> un programa de estudios hispanoamericanos en esta universidad. _____

3. Cuando Rosario terminó con su novio, dijo que sólo sentía una gran <u>indiferencia</u> por él. _____

4. Hubo un <u>incidente</u> desagradable en el restaurante entre dos hombres y una mujer. _____

5. Beatriz tiene muy buen <u>juicio</u> y hará una decisión sensata. _____

Actividad C6.15 En el espacio en blanco, escribe una palabra de la quinta lista de la página 86 del libro de texto que exprese lo siguiente.

1. sustancia que se toma cuando se está enfermo _____

2. edificio donde vive la nobleza o la gente rica _____

3. agente que representa la ley _____

4. lo que cuesta algo _____

5. evento ocurrido de último momento _____

6. inclinación a obrar malicia _____

7. forma física de afecto _____

8. tomar parte en algo _____

9. acción y efecto de juzgar las cosas antes de conocerlas bien _____

10. comienzo, origen _____

11. articular, decir _____

Actividad C6.16 Completa las siguientes oraciones con palabras de la quinta lista de la página 86 del libro de texto.

1. Si se quiere tener un jardín bonito hay que esperar y tener _____.

2. Nuestra casa está en un lugar muy _____ que está lejos de la ciudad y del ruido de los carros.

3. La _____ de ese señor está en el edificio Continental.

4. Quiero _____ mi vestido nuevo en el baile del sábado.

5. Esa fábrica tiene que _____ doscientos radios al día.

Actividad C6.17 Escribe una oración en el espacio en blanco con cada una de estas palabras.

1. proceder

_____

2. lucir

_____

3. precio

_____

4. principal

_____

5. oficial

_____

Actividad C6.18 Escribe al lado derecho la forma correcta. (En cada renglón hay una sola.)

1. ruiquesa riqueza riqeuza _____

2. cuello ceullo cueyo _____

3. projecto prollecto proyecto _____

4. correjir corregir corehir _____

5. quejarse cuejarse quijarse _____

Actividad C6.19 En el espacio en blanco, escribe una palabra de la sexta lista de la página 86 del libro de texto que pueda sustituir la palabra subrayada.

1. Él es un hombre de apariencia <u>vigorosa</u>. (_____)

2. Como acaba de salir, esta película es muy <u>nueva</u>. (_____)

3. El hombre tenía mucha <u>prisa</u> (_____) de llegar a su casa.

4. Julio tenía <u>instrucciones</u> (_____) de cómo hacer el pastel.

5. Ernesto <u>dejó</u> (_____) su trabajo ayer.

Actividad C6.20 Completa estas oraciones con palabras de la sexta lista de la página 86 del libro de texto.

1. Es difícil _____ de una lengua a otra.

2. Necesitamos _____ nuestros gastos porque ya no vamos a tener tanto dinero como antes.

3. Ese caballo tiene la _____ de salir corriendo en cuanto sale del establo.

4. La _____ religiosa es muy importante en este país.

5. Él le va a _____ el cuello al cisne para estrangularlo.

Actividad C6.21 Escribe en el espacio en blanco la palabra más indicada de la séptima lista de la página 87 del libro de texto.

1. Mi tío es muy rico y vive en una _____ enorme.

2. Mi otro tío, en cambio, es muy pobre y lo único que tiene de ingreso es una _____.

3. Mañana se casa mi hermana con Jorge. Ay, ¡qué _____!

4. El maestro nos dio una _____ muy interesante sobre la _____ de los aztecas.

5. Como fumo mucho, siempre tengo que buscar la _____ de fumadores.

6. Mañana tenemos que escribir una _____ para la clase de inglés.

7. La _____ destruyó la mitad de la fábrica y mató a cien personas.

8. A mí me gusta escuchar «Jesusita en Chihuahua», que es una _____ de la _____ mexicana.

9. La _____ religiosa empezó en la Plaza de la Santísima Trinidad, pero fue bloqueada quince minutos después por una _____ de ateos que se oponían a actos religiosos.

10. La _____ es la acción de ir a decirle los pecados al sacerdote según la tradición católica.

Actividad C6.22 Escribe en el espacio en blanco la palabra más indicada de la octava lista de la página 88 del libro de texto.

1. Panchito tiene muy buena _____; por eso pesará 250 libras.

2. La _____ de Jesucristo tomó lugar el Viernes Santo.

3. Hay mucha _____ porque las calles son muy angostas y todo el mundo tiene carro.

4. No entiendo la _____ entre no estudiar y reprobar un curso.

5. Debido a la invención del motor de _____ interna, ya podemos ir de una parte a otra con mucha rapidez.

Actividad C6.23 La comprensión. Escribe tu respuesta a cada una de estas preguntas sobre el contenido del cuento.

1. ¿Cuándo tiene lugar este cuento? ¿Dónde tiene lugar? ¿Cómo se sabe?

_____

_____

2. ¿Qué importancia tiene para el desarrollo de la trama (*plot*) el hecho de que ya hace mucho calor?

_____

3. ¿Cómo era «el viejo»? ¿Qué detalles nos revela su carácter?

_____

4. ¿Dónde estaba localizado el tanque para las vacas? Además de las vacas, ¿quiénes tomaban agua allí?

_____

5. ¿Cuándo descubrió el viejo lo que hacían todos los trabajadores? ¿Por qué no quiso «descubrirse»?

_____

6. ¿Por qué le disparó el viejo un tiro al niño que más iba al tanque? ¿Llevó a cabo lo que realmente pretendía hacer?

_____

7. En la conversación entre los dos compadres al final del cuento, uno de ellos defiende un punto de vista mientras que el otro defiende otro punto de vista. A ti te toca resumir cada punto de vista y decidir cuál es el correcto y por qué.

_____

_____

Actividad C6.24 Escribe tu respuesta a cada una de estas preguntas de interpretación filosófica.

1. Imagínate que tú eres el viejo. Por lo que sale al final del cuento se sabe que el viejo (= tú) se siente culpable del asesinato del niño. Así reacciona: (a) se hace alcohólico, (b) «casi» se vuelve loco y (c) «casi» se muere ahorcado de un árbol, pero a la hora de la hora todavía está vivo, aun cuando parece limosnero y ha perdido el rancho. ¿Qué hubieras hecho tú en vez de abusar del alcohol, volverte medio loco, casi ahorcarte y perder el rancho? Sé específico. Da detalles.

_____

_____

_____

_____

2. Tú eres el padre del niño. ¿Qué habrías hecho después de la muerte de tu hijo?

_____

_____

_____

_____

Actividad C6.25 Explica el significado de las siguientes palabras o frases por medio de **sinónimos** o de **definiciones breves en español.**

1. el bote _____

2. la orilla _____

3. pescó («los pescó tomando agua») _____

4. contrato _____

5. desocupar _____

6. aguantaron _____

7. se había dado cuenta _____

8. un montón _____

9. el coraje _____

10. se arrastró _____

11. un venado _____

12. empaparse _____

13. se dejó caer _____

14. compadre _____

Actividad C6.26 Escribe una oración con cada una de las siguientes frases o palabras.

1. hacía calor _____

2. por eso _____

3. no le caía muy bien _____

4. hubieran hecho _____

5. a cada rato _____

6. se quedó _____

7. se volvió _____

Capítulo 7

No es lo mismo ver llover que estar en el aguacero

Actividad C7.1 Contesta las siguientes preguntas.

1. ¿Conoces en inglés un dicho que se le parezca al de «No es lo mismo ver llover que estar en el aguacero»?

_____

2. ¿Qué significa para ti este dicho? ¿Cómo se pudiera aplicar en la vida?

_____

Actividad C7.2 En cada uno de los siguientes grupos, escribe a la derecha la palabra que no se relaciona con las otras.

Modelo: juez   actriz   avestruz   emperatriz   nodriza
<u>avestruz</u> (es un animal y las demás palabras denotan seres humanos)

1. carne   arroz   leche   refrigerador   lechuga _____
2. teatro   drama   película   perro   actriz   boleto _____
3. amable   bárbaro   cruel   brusco   feroz   bravo _____
4. pluma   cuaderno   pizarra   libro   lápiz   techo _____
5. nariz   ojo   ceja   cuello   pájaro   mano   diente _____

Actividad C7.3 Escribe una palabra que exprese un concepto *opuesto* al que expresan las siguientes palabras de la primera lista de la página 97 del libro de texto.

Modelo: lápiz   <u>pluma</u>

1. luz   _____
2. feliz   _____
3. niñez   _____
4. paz   _____

5. feroz   _____
6. estupidez   _____
7. veloz   _____

Actividad C7.4 Completa las siguientes oraciones con palabras de la primera lista de la página 98 del libro de texto, haciendo los cambios necesarios.

1. Un animal acuático vertebrado es un _____.

2. La parte de una planta que generalmente está hundida en la tierra es la _____.

3. Muchos latinos tienen la _____ de un color bronceado.

4. La madre de Chencha Garza tuvo que defenderse en el juzgado en presencia del _____.

5. La primera _____ que vi a Chencha, creí que era una diosa.

6. En tiempos de hambre la gente se mantenía comiendo _____ y hojas.

Actividad C7.5 Escribe la forma plural de las siguientes palabras.

1. altavoz _____
2. atroz _____
3. ridiculez _____
4. matiz _____

5. cicatriz _____
6. capataz _____
7. actriz _____

Actividad C7.6 Para cada una de las siguientes palabras o frases, escribe en el espacio en blanco una palabra de la segunda lista de la página 98 del libro de texto que signifique lo mismo. (Haz los cambios necesarios.)

1. unirse en matrimonio _____
2. perseguir o atrapar un animal para comerlo _____
3. conseguir o lograr _____
4. resbalar _____
5. obligar _____
6. aprender de memoria _____
7. acción de relajar _____

Actividad C7.7 En el espacio en blanco, escribe una palabra de la siguiente lista.

rezar	almorzar	organizar	gozar de
cruzar	alcanzar	amenazar	bautizar

1. El niño tenía miedo de _____ la calle porque había muchos carros.

2. Cuando lleguen las vacaciones, pienso _____ muchas de mis horas libres.

3. Los estudiantes querían _____ una asociación de jóvenes hispanos.

4. Por más rápido que corra, no puedo _____ a Nacho.

5. Voy a _____ a mi hermanito diciéndole que si no llega a tiempo, no le vuelvo a prestar mi automóvil.

6. Mañana van a _____ a la niña en la parroquia de San Sebastián.

7. Todos los parientes de la niña van a _____ mucho para que viva una buena vida.

8. Ya nos cansamos de _____ tanta verdura.

Actividad C7.8 Escribe en el espacio en blanco la forma apropiada de cada verbo que está entre paréntesis para completar estas oraciones.

1. Georgina (utiliza/utilizó) _____ su nueva lavadora de platos ayer en la tarde.

2. Ese tipo de persona siempre se (caracteriza/caracterisan) _____ por su inteligencia.

3. Los Estados Unidos (lanzó/lanza) _____ un cohete al espacio por primera vez hace más de 40 años.

4. Lo más probable es que Lucinda (rechace/rechaza) _____ la oferta de matrimonio que le hizo Alfredo hace un mes.

5. Dicen que si hay huelga, la fábrica (se paralizará/paralisa) _____ por mucho tiempo.

6. No quiero que las tropas enemigas (destrozen/destrocen) _____ los museos de arte de nuestra ciudad.

7. Buscamos estudiantes que no (bostecen/bostezen) _____ demasiado si la conferencia del profesor es aburrida.

8. Ojalá que Juana Amelia (realice/realize) _____ el sueño que tiene de ser elegida presidente de su asociación.

Actividad C7.9 Escoge la forma correcta del verbo entre paréntesis.

1. No creo que la pobre anciana me (reconozca/reconosca) _____ más.

2. Lo más importante es que tú se lo (ofrezcas/ofrescas) _____ aun cuando no quieras ofrecérselo.

3. Todos nosotros tenemos que prepararnos bien para que no (acontesca/acontezca) _____ ninguna tragedia.

4. Yo siempre (permanesco/permanezco) _____ sentado hasta que alguien me invita a bailar.

5. Tenía la impresión de que estas maletas me (pertenecen/pertenezcan) _____ a mí.

Actividad C7.10 Escribe a la derecha la palabra de la cuarta lista de la página 100 del libro de texto que mejor exprese un concepto *opuesto* al de la palabra subrayada.

1. comienzo: empezar   terminar   fortificar   fin   tarde   _____

2. fuerza: caridad   fortaleza   forzoso   débil   debilidad   _____

3. izquierdo: mano   lado   derecha   derecho   dirección   _____

4. impureza: purísima   puro   pureza   intimidad   pereza   _____

5. confianza: confiar   desconfiar   desconfiado   desconfianza   _____

6. limpieza: valor   dignidad   inteligencia   suciedad   belleza   _____

Actividad C7.11 En el espacio en blanco, escribe una palabra de la cuarta lista de la página 100 del libro de texto que signifique esencialmente lo mismo que la palabra subrayada.

1. La familia vivía en una <u>casucha</u> (_____) muy humilde.

2. El jefe tuvo un ataque <u>cardíaco</u> (_____) ayer en la tarde.

3. Los estudiantes latinos formaron una <u>unión</u> (_____) provisional con los estudiantes negros, amerindios y asiático-pacíficos para tratar de conseguir más profesores de grupos minoritarios.

4. Los criminales amarraron a los dos hombres con una <u>cuerda</u> (_____) muy fuerte.

5. El <u>principio</u> (_____) de la película fue muy violento.

6. Dicen que en esa escuela la <u>instrucción</u> (_____) es muy buena.

7. Una persona <u>tímida y miedosa</u> (_____) no va a ninguna parte.

Actividad C7.12 Escribe una oración completa con cada una de las siguientes frases.

1. corazón bondadoso _____

2. gozo imposible _____

3. flaqueza detestable _____

4. amenaza interminable _____

5. grandeza impresionante _____

6. esfuerzo sobrehumano _____

7. de mucha confianza _____

Actividad C7.13 Une cada palabra de la columna a la derecha con la palabra o frase de la izquierda que signifique lo mismo.

1. izquierda _____ punto en el cenit

2. horizonte _____ inicio

3. comienzo _____ fortaleza

4. juzgar _____ casucha

5. fuerza _____ acecho

6. choza _____ contrario a derecho

7. amenaza _____ ejercer un punto de vista

Actividad C7.14 En el espacio en blanco, escribe la palabra más indicada de la quinta lista de la página 100 del libro de texto.

1. El niño es una _____ de su mamá y de su papá.

2. En medio del pueblo hay una _____ que tiene un quiosco y muchos árboles.

3. No podía usar el agua del _____ porque estaba contaminada.

4. Cuando se despidieron, Margarita sintió _____.

5. En Panamá, las familias estadounidenses generalmente vivían en la _____ del canal.

6. El muchacho no quiere trabajar porque es muy _____.

7. Las leyes de la _____ controlan el universo en el cual vivimos.

8. El muchacho tuvo que estudiar con _____ porque sólo faltaba media hora para el examen.

9. En algunos países se juzga a una persona por su _____ y no por su talento.

10. La Cenicienta perdió un _____ al salir corriendo del baile.

Actividad C7.15 Relaciona la definición de la izquierda con la palabra de la derecha que quiera decir lo mismo.

1. _____ tal vez, puede ser
2. _____ se usa para tomar café
3. _____ se usa en el pie
4. _____ quien huye del trabajo
5. _____ lo contrario de *alegría*
6. _____ a gran velocidad
7. _____ las comen los conejos
8. _____ lo que conecta la cabeza al torso
9. _____ falta de dinero
10. _____ grupo étnico

a. quizás
b. zapato
c. raza
d. pobreza
e. pescuezo
f. zanahorias
g. rapidez
h. tristeza
i. perezoso
j. taza

Actividad C7.16 Contesta por escrito las siguientes preguntas.

1. ¿Por qué es difícil razonar cuando se está enojado?

_____

2. ¿Cuál es la diferencia entre una copa y una taza?

_____

3. ¿Cómo se comportan las personas maduras?

_____

4. ¿Qué cosas te dan vergüenza?

_____

5. ¿Dónde escribe el profesor en una sala de clase y con qué cosa escribe?

_____

Actividad C7.17 Escribe tu respuesta a cada una de las siguientes preguntas sobre el contenido del cuento.

1. ¿Adónde va la Chona al empezar el cuento?

_____

2. ¿Cuál es el «escándalo» que ya empezará a hervir en el rancho?

_____

3. ¿Cómo se enteró de la noticia Luisita?

_____

4. ¿Por qué no podía tirar la Chona la maleta que tanto pesaba?

   _____

5. ¿Quién es Anselmo y cómo es?

   _____

6. ¿Cuándo se callarán los chismes según la Chona?

   _____

7. ¿Quiénes estaban en la estación de ferrocarriles y qué hacían?

   _____

8. ¿Por qué puso tanta atención la Chona en las señoras elegantes que acababan de entrar en la estación?

   _____

9. ¿Qué riesgo no quería correr la Chona con respecto al tren?

   _____

10. ¿Cómo se había ganado la Chona el poco dinero que llevaba y dónde lo tenía guardado?

    _____

11. ¿A qué horas llega la Chona a la estación de Mendoza y quién la recibe?

    _____

12. ¿Por qué empieza a darle sueño?

    _____

13. ¿Por qué se le hace tan difícil la caminata de la estación a Santa Lucía Tampalatín?

    _____

14. ¿Quién le abre la puerta de la cabaña?

    _____

15. ¿Dónde se encuentra Anselmo y cómo anda de salud?

    _____

16. ¿Para qué va al pueblo el padre de Anselmo?

    _____

17. ¿Qué pidió Anselmo después de recibir los auxilios?

_____

18. De vuelta a la estación de Mendoza, la Chona llora amargamente. ¿Cuáles son las **dos** explicaciones de su triste estado de ánimo?

_____

_____

Actividad C7.18 Escribe tu respuesta a cada una de las siguientes preguntas de interpretación filosófica.

1. ¿Qué emoción nos inspira este cuento? ¿Cómo nos sentimos después de leerlo? ¿Por qué nos sentimos así?

_____

_____

2. ¿Qué pudiera haber hecho la Chona para evitar el destino que aparentemente le esperaba? Explícate.

_____

_____

3. ¿Por qué no le queda otra alternativa a Chona que regresar a su rancho? Y si le queda otra alternativa, ¿cuál ha de ser?

_____

_____

4. ¿Cómo va a ser el resto de la vida de la Chona? Termina la «biografía» de ella, indicando qué va a hacer, cómo se va a sentir, a qué se va a dedicar, etc.

_____

_____

Actividad C7.19 Explica el significado de las siguientes palabras o frases por medio de sinónimos o breves definiciones en español.

1. regar _____

2. quemante _____

3. detenerse _____

4. escándalo _____

5. el sudor _____

6. lucir (ropa) _____

7. guapo _____

8. partió _____

9. la madrugada _____

10. los chismes _____

11. enjugarse (la cara) _____

12. dormitaba _____

13. participar _____

14. se alborotó _____

15. asiento _____

16. juntado _____

17. interrogó _____

18. fríamente _____

19. cabeceando _____

20. resbaladizo _____

21. un claro _____

22. grave _____

23. sano _____

24. el cura _____

25. el pinar _____

Actividad C7.20 Escribe una oración con cada una de las siguientes palabras o frases.

1. tarda _____

2. polvo _____

3. repitiendo _____

4. se limpió _____

5. estuviera _____

6. enamorado _____

7. regresado _____

8. aquellas _____

9. vengamos _____

10. constante _____

11. limpiarse _____

12. la esperanza _____

13. fijó _____

14. silbar _____

15. la sala de espera _____

16. de pronto _____

17. auxilios _____

18. de vuelta _____

Actividad C7.21 Llena el espacio en blanco con cualquier palabra o frase que sirva para completar la oración. En muchas oraciones hay más de una posibilidad.

1. El sol se le había _____ por el camino.

2. Los rayos le daban _____.

3. Nos casaremos cuando yo _____ por ti.

4. ¡Qué cara puso Luisita _____ leer aquellas líneas!

5. Yo no _____ esto si todos no me _____ una quedada.

6. Ya se callarán los chismes cuando _____ a visitar al molinero.

7. Un hombre gordo reía a _____ y una viejita dormitaba.

8. La sala se alborotó con un _____ de cargadores.

9. Antes de que el pasaje _____ acabado de bajar, ya tenía la Chona un buen asiento.

10. No había _____ dos hombres en la sala de espera.

11. Pasó un rato cabeceando hasta que la sala _____ con el ruido del día.

12. La Chona salió a preguntar _____ quedaba el camino a la sierra.

13. De _____ deteníase bajo la lluvia.

14. Apareció la cabaña _____ en un claro de la sierra.

15. La pobre estuvo _____ de echarse a llorar.

16. ¿Quién la _____ en su rancho cuando _____ que se había casado?

Capítulo 8

Bien está lo que bien acaba

Actividad C8.1 Contesta las siguientes preguntas.

1. ¿Conoces en inglés un dicho que se le parezca al de «Bien está lo que bien acaba»?

   _____

2. ¿Qué significa para ti este dicho? ¿Cómo se pudiera aplicar en la vida?

   _____

Actividad C8.2 En el espacio en blanco, escribe la palabra de la primera lista de la página 110 del libro de texto que mejor convenga. Haz los cambios necesarios.

1. Mañana tenemos un _____ de matemáticas y por eso es necesario estudiar mucho.

2. Algunas personas creen que no se puede probar la _____ de Dios.

3. El profesor siempre _____ la lección dando muchos detalles y ejemplos.

4. Son las 10:45 de la mañana, la hora _____ de la llegada del tren.

5. Decir que todos los hombres son inteligentes es una gran _____ porque algunos son muy tontos.

6. Un sinónimo de la palabra *acercarse* es _____.

7. Alguien que pide socorro necesita _____.

8. Las expresiones «¡ay!», «¡qué bien!», etc. son _____.

9. Cuando a alguien le va bien en la vida decimos que tiene _____.

10. En los Estados Unidos, los blancos _____ a los negros por muchos años.

Actividad C8.3 En el espacio en blanco, escribe una palabra de la siguiente lista.

| exigencias | máximo | conexión | experimentó | exótico |

1. El aguacate se considera un fruto (_____) en los países escandinavos.

2. Vamos a pagarte lo (_____) posible, o sea $4.25 por hora.

3. La mujer (_____) una gran tragedia en su vida.

4. Al romperse la (_____), se apagaron las luces.

5. María ya se cansó de las (_____) de su marido.

Actividad C8.4 Escribe la letra **X** al lado derecho de las palabras en inglés cuyos equivalentes en español se escriben con **x** y escribe una **J** a la derecha de las palabras que en español se escriben con **j**.

1. example   _____   6. exact   _____

2. connection   _____   7. exam   _____

3. axis   _____   8. push   _____

4. execute   _____   9. reflect   _____

5. exclaim   _____   10. explain   _____

Actividad C8.5 En el espacio en blanco, escribe una palabra de la segunda lista de la página 110 del libro de texto que exprese un concepto *opuesto* al que expresan éstas.

1. interior   _____

2. ordinario   _____

3. nativo   _____

4. encender   _____

5. interno   _____

Actividad C8.6 En el espacio en blanco, escribe una palabra de la segunda lista de la página 110 del libro de texto que se relacione con cada uno de los siguientes grupos.

1. primero   quinto   tercero   _____

2. bueno   superior   sobresaliente   _____

3. demasiado   mucho   _____

4. libro   escuela   materia   _____

5. delicioso   sabroso   _____

Actividad C8.7 En el espacio en blanco, escribe la palabra de la lista que corresponda.

| extremo | extraña | exponer | expresar | excede |

1. Josué no se quiere (_____) a que lo traten mal los parientes de su esposa.

2. Me (_____) que Margarita no haya llegado todavía.

3. La matrícula universitaria de este año (_____) la del año pasado en un 5 por ciento.

4. La iglesia se encuentra en un (_____) de la ciudad y mi casa en el otro.

5. Estaba tan emocionado que no pudo (_____) lo que quería decir.

Actividad C8.8 En el espacio en blanco, usa cada una de estas palabras—de la primera y segunda listas de palabras con **x** de la página 110 del libro de texto—en una oración original.

1. excepcional _____

2. expulsar _____

3. explicar _____

4. exageración _____

5. extrañar _____

Actividad C8.9 Sin mirar la primera lista de las palabras con **h** de la página 111 del libro de texto, escribe los equivalentes en español de estas palabras inglesas.

1. habit _____
2. hunger _____
3. hero _____
4. hymn _____
5. history _____

6. honest _____
7. horizon _____
8. vehicle _____
9. humid _____
10. Hispanic _____

Actividad C8.10 Escribe una oración original con cada una de las siguientes palabras.

1. ahogaba _____

2. ahorramos _____

3. hay _____

4. allí _____

5. hablaron _____

6. hacer _____

7. hace _____

8. hacia _____

9. hacía _____

10. ahí _____

11. halla _____

12. allá _____

13. hecho _____

14. echo _____

15. hogar _____

16. ahogar _____

17. hola _____

18. ola _____

Actividad C8.11 Escribe en el espacio en blanco los equivalentes en español de las siguientes palabras en inglés.

1. now	_____	10. grass, weed	_____
2. pillow	_____	11. iron ore	_____
3. bay	_____	12. thread	_____
4. ability	_____	13. Hi!	_____
5. towards	_____	14. leaf	_____
6. deeds	_____	15. shoulder	_____
7. wounded	_____	16. oven	_____
8. sister	_____	17. today	_____
9. tool	_____	18. bone	_____

Actividad C8.12 En cada espacio en blanco, escribe una palabra de las dos listas de **h** de las páginas 111 y 112 del libro de texto que signifique lo mismo.

1. escaparse	_____	5. narración, crónica	_____
2. encontrar	_____	6. honrado	_____
3. guardar dinero	_____	7. sumir	_____
4. deseo	_____	8. latino	_____

Actividad C8.13 En el espacio en blanco, escribe una palabra de las dos listas de **h** de las páginas 111 y 112 del libro de texto que se relacione con cada grupo.

1. cama   sábana   sueño   dormir   _____

2. hoy   este día   ahora   _____

3. cigarro   ceniza   cenicero   _____

4. país   Europa   tulipanes   diques   _____

5. perro   enterrar   roer   _____

6. frío   patinar   lago   _____

Actividad C8.14 En el espacio en blanco, escribe la palabra más indicada de las dos listas de **h** de las páginas 111 y 112 del libro de texto, haciendo los cambios necesarios.

1. Estoy muy _____ de comer arroz.

2. El niño se _____ en el océano porque no sabía nadar.

3. En los países _____ se habla español.

4. El muchacho se metió a la _____ y cortó todas las manzanas.

5. El barco se _____ en el mar cuando se dirigía a Inglaterra.

6. Toda la gente acostumbra ponerse de pie cuando se toca el _____ nacional.

7. Pedro Ulloa fue un famoso _____ de la Segunda Guerra Mundial.

Actividad C8.15 En el espacio en blanco, escribe la palabra de las dos listas de **h** de las páginas 111 y 112 del libro de texto que mejor exprese cada una de estas ideas.

1. agua congelada _____

2. persona que tiene los mismos padres que uno _____

3. metal muy duro y fuerte _____

4. algo que se ensarta en una aguja y se usa para coser _____

5. casa _____

6. palabra que se dice al saludar _____

7. algo que es profundo _____

8. parte de la cocina o de la estufa donde se hace el pan _____

9. lugar donde se lleva a la gente enferma _____

Actividad C8.16 Llena el espacio en blanco con la palabra más indicada de las dos listas de **h** de las páginas 111 y 112 del libro de texto. Haz los cambios necesarios.

1. El hombre recibió muchas _____ en la cara en el accidente.

2. «¿Qué _____ es?» Es la una de la tarde.

3. El clima de Miami es muy _____ porque generalmente llueve mucho.

4. Durante la huelga, se podía ver claramente la _____ entre los trabajadores y los dueños de la mina.

5. A Ismael no le gustan las películas de _____ porque después tiene pesadillas.

Actividad C8.17 Escribe una oración original con cada una de estas palabras de las listas de **h** de las páginas 111 y 112 del libro de texto.

1. hola _____

2. hondo _____

3. herramienta _____

4. hostil _____

Actividad C8.18 Escribe tu respuesta a cada una de estas preguntas sobre el contenido de la historia.

1. ¿Por qué era tan respetado Fernando Estrella?

_____

2. ¿Cómo comenzaron las peleas de feria en las que Fernando siempre «dejaba difunto»?

   _____

3. ¿Cómo era la personalidad de Fernando?

   _____

4. ¿En qué sentido era Fernando «la muerte y, a la misma vez, el colmo de la vida»?

   _____

5. ¿«Los frutos que la vida brinda» los tomaba Fernando a la fuerza, se los daba gustosamente la gente, o las dos cosas a la vez?

   _____

6. ¿De dónde venía y adónde iba Fernando cuando pasaba por los linderos del rancho Chula Vista?

   _____

7. ¿Quién era Altagracia Jiménez? Descríbela.

   _____

8. ¿Cómo se sintió Fernando al ver a Altagracia?

   _____

9. ¿Qué ocurrió cuando llegó Fernando a la casa del rancho Chula Vista?

   _____

10. ¿Por qué no entró Fernando a la casa del rancho «con todo y caballo»?

    _____

11. ¿Qué le pidió Altagracia que Fernando hiciera?

    _____

12. ¿Por qué creía Fernando que «una vez más se había salido con la suya»?

    _____

13. ¿Qué hacía realmente Altagracia mientras abrazaba a Fernando?

    _____

14. ¿Cuál fue la reacción de Fernando al descubrir lo que Altagracia le había hecho?

    _____

15. ¿Cómo termina la historia?

_____

Actividad C8.19 Escribe tu respuesta a cada una de estas preguntas de interpretación filosófica.

1. Al final de cuentas murió Fernando Estrella a manos de una mujer. ¿Por qué no lo había podido matar antes ningún hombre?

_____

2. En el cuarto párrafo del cuento nos enteramos de que Altagracia se encuentra fuera de la casa («Y desde una colina se puso [Fernando] a contemplar a la bella Altagracia...»). Pero ya para el quinto párrafo, Altagracia está **dentro** de la casa porque sale de ella después de que Fernando asesina a su padre y a su hermano. ¿Qué nos revela esta secuencia de sucesos del carácter y de la inteligencia de Altagracia?

_____

_____

3. ¿De qué forma podría haberse salvado Fernando después de que Altagracia le clavó el puñal en el pecho?

_____

4. En este relato no se menciona ni a la policía ni a otra autoridad judicial. ¿Por qué no?

_____

5. ¿Cómo va a terminar este relato una vez que los familiares de Fernando se enteren de su muerte?

_____

Actividad C8.20 Explica el significado de las siguientes palabras o frases por medio de sinónimos o de definiciones breves en español.

1. el día del juicio _____

2. surcadas por sangre _____

3. fama _____

4. difunto _____

5. aumentaban _____

6. cementerio _____

7. comarca _____

8. campechano _____

9. el colmo _____

10. brinda _____

11. los ajenos _____

12. egoísmo _____

13. desenfrenar _____

14. sabia _____

15. contemplar _____

16. primoroso _____

17. bullía _____

18. ultimado _____

19. extasiado _____

20. lujuria _____

21. tibia _____

22. emanaba _____

23. clavado _____

24. gradualmente _____

25. ruegos _____

Actividad C8.21 Escribe una oración con cada una de las siguientes palabras o frases.

1. le sacaban la vuelta _____

2. al final de cuentas _____

3. todo lo contrario _____

4. manifestaba _____

5. hacer frente _____

6. propio _____

7. rumbo a _____

8. estaba a punto de _____

9. se aproximó _____

10. salirse con la suya _____

Actividad C8.22 Llena el espacio en blanco con cualquier frase que sirva para completar la oración. En muchas oraciones hay más de una posibilidad.

1. ¿Quién _____ que Fernando Estrella sería justiciado?

2. Fernando era como esos nubarrones que bajan de la sierra, que de _____ se convierten de nubecilla a granizada.

3. Aceptaban el yugo del temor con la sabia aceptación de que _____ que le hiciera frente a Fernando Estrella.

4. De nuevo espoleó al ruano, dándole rienda para hacer la carrera más rápida, pero no rumbo a Chimayó _____ rancho Chula Vista.

5. Iba extasiado, lleno de contento porque _____ se había salido con la suya.

6. Sus fuerzas flaquearon, y fue entonces _____ que iba bañado en sangre.

7. Y Altagracia cabalgó abrazada de Fernando Estrella, aferrada a la idea de no soltarlo _____.

Capítulo 9

Quien no se alaba, de ruin se muere

Actividad C9.1 Contesta las siguientes preguntas.

1. ¿Conoces en inglés un dicho que se le parezca al de «Quien no se alaba, de ruin se muere»?

   _____

2. ¿Qué significa para ti este dicho? ¿Cómo se pudiera aplicar en la vida?

   _____

Actividad C9.2 Llena el espacio en blanco con la forma correcta del verbo entre paréntesis.

   Modelo: No quiero que la niña se (caía/caiga) del árbol.
   No quiero que la niña se <u>caiga</u> del árbol.

1. Mario (contribuie/contribuye) _____ mucho a nuestra profesión.
2. No quiero que (haiga/haya) _____ demasiada gente en la fiesta.
3. Lo más importante era que el niño no (traiba/traiga) _____ problemas.
4. Después de presenciar el milagro la muchacha (creió/creyó) _____ en Dios.
5. Siempre cuando yo (voy/vaya) _____ al mercado le (doy/doi) _____ una limosna al mendigo.

Actividad C9.3 Llena el espacio en blanco con la palabra más indicada de la primera lista de la página 124. Haz los cambios necesarios.

1. Se me perdió mi cartera y no la puedo _____.
2. _____ diez alumnos en esta clase.

3. Si no te _____, te echo del salón.

4. El color _____ es uno de mis colores preferidos.

5. El hermanito de Pedro es un _____ muy alegre.

6. No quiero esos vestidos sino _____ blusas.

Actividad C9.4 Escribe la palabra de la primera lista de la página 124 del libro de texto que mejor se relacione con cada uno de estos conceptos.

1. un grito de dolor, de sorpresa, etc. _____

2. el nombre de familia de una persona _____

3. edificio fuerte con murallas, baluartes, fosos, etc. _____

4. arma o instrumento que se usa para cortar _____

5. artículo de joyería que se usa en el cuello _____

Actividad C9.5 Llena el espacio en blanco con la palabra que mejor se relacione.

capilla	castellano	pescuezo	cuello	castillo	arrollador

1. Ese día hacía un viento _____.

2. Las personas tienen _____.

3. Los animales tienen _____.

4. Se habla _____ en todos los países de Hispanoamérica.

5. El castillo tenía una _____ donde oían misa los reyes.

6. El _____ se usaba para protegerse de los moros.

Actividad C9.6 En el espacio en blanco, escribe una palabra de la segunda lista de la página 124 del libro de texto que se relacione con las demás de cada grupo.

1. pollo gallo ave huevos _____

2. cielo luna astros planetas _____

3. adobe cemento construcción pared _____

4. explotar bomba reventar explosión _____

5. lumbre fuego flama ardor _____

6. clavo herramienta carpintero _____

7. goma automóvil aire hule _____

8. kilómetro yarda metro pulgada _____

9. suya tuya nuestra _____

10. sollozar gemir quejarse lamentar _____

Actividad C9.7 Escribe en el espacio en blanco la palabra de la segunda lista de la página 124 del libro de texto que mejor complete la oración. Haz los cambios necesarios.

1. Queremos como científicos _____ una computadora nueva que funcione sin electricidad.

2. Él es amigo de mi hermano mientras que _____ es amiga de mi hermana.

3. Tenemos un plan general, ahora sólo nos faltan los _____ de lo que vamos a hacer exactamente.

4. Sandy estaba sentada en una butaca esperando ansiosamente una _____ telefónica.

5. Él siempre usa la _____ de San Cristóbal que le regaló su abuelita.

Actividad C9.8 Llena el espacio en blanco con palabras relacionadas que aparecen a continuación.

desarrollado	detallista	ladrillera	gallinero	estrellado

1. Un lugar donde se tiene a las gallinas es un _____.

2. Un lugar donde se hacen ladrillos es una _____.

3. Un cielo lleno de estrellas es un cielo _____.

4. Un joven alto y robusto es un joven muy bien _____.

5. Una persona que se preocupa mucho por los detalles es un _____.

Actividad C9.9 En cada uno de los siguientes grupos, escribe a la derecha la palabra que no se relacione con las otras.

1. codo   rodilla   tobillo   orgullo   _____

2. pared   muro   escuela   muralla   _____

3. silla   banco   cuaderno   asiento   _____

4. árbol   estallar   tierra   planta   rosal   _____

5. llanura   río   lago   arroyo   mar   _____

Actividad C9.10 En el espacio en blanco, escribe la palabra de la lista que mejor corresponda.

ensayo	talle	ayuntamiento	pantalla	muralla

1. La ciudad de Ávila, en España, está rodeada por una _____ muy antigua.

2. El _____ de nuestra ciudad aprobó una ley que prohíbe que anden personas sueltas por las calles.

3. La muchacha tenía un _____ que medía solamente veinte pulgadas.

4. Tengo que escribir un _____ sobre la prostitución para mi clase de sociología.

5. Para exhibir esa película necesitamos una _____.

Actividad C9.11 Llena cada espacio en blanco con la palabra más indicada de la tercera lista de la página 125 del libro de texto.

1. Si yo tuviera un _____ de dólares, compraría un apartamento en París.

2. Claudio no quiere admitir que cometió un error porque es muy _____.

3. Esa carta no es auténtica porque no tiene el _____ de la universidad.

4. El esposo de Guillermina siempre la _____ cuando quería empezar una nueva actividad política.

5. Los músicos tienen que _____ antes de cada concierto.

Actividad C9.12 En el espacio en blanco, escribe una palabra de la cuarta lista que signifique lo mismo que la palabra subrayada. Haz los cambios necesarios.

1. Este libro no es <u>de él</u>. _____

2. Gonzalo es <u>más viejo</u> que yo. _____

3. Esa mujer es <u>sumamente</u> bonita. _____

4. Estoy trabajando en un nuevo <u>plan</u>. _____

5. Los papás de Juanita están <u>preparando</u> un viaje a España. _____

Actividad C9.13 Escribe una oración original con cada una de las siguientes palabras.

1. mayoría _____

2. rayar _____

3. suyo _____

4. tuyo _____

5. proyecto _____

6. ley _____

Actividad C9.14 Llena el espacio en blanco con la palabra más indicada de las listas de **-illa**, **-ía** e **-ia**.

| vainilla | ardilla | pesadilla | guerrilla | capilla | economía | geografía | tía |
| lluvia | democracia | injusticia | ciencia | historia | familia | materia | novia |

1. Rápidamente subió la _____ al árbol para alcanzar una nuez.

2. A mí me gusta más el helado de _____ que el de chocolate.

3. Anoche cayó mucha _____ y se inundó todo.

4. Dolores siempre tiene la nariz metida en un atlas porque le gusta mucho la _____ de otros países y los mapas.

5. Una de las lecciones que se ha aprendido del estudio de la _____ es que la _____ es un sistema de gobierno que la gente la gente elige y que es popular pero a la vez difícil de conservar.

6. La semana pasada tuve una horrible _____ que me despertó en el acto.

7. En los años noventa la _____ de los Estados Unidos marchaba muy bien: casi no había déficits y la _____ típica ahorraba bastante dinero.

8. El novio y la _____ iban camino a la _____ para celebrar la ceremonia religiosa.

9. Las matemáticas es una _____ exacta para quienes no las entienden.

10. Gritó la _____: «¡Ya basta de tanta _____!»

Actividad C9.15 Lee en voz alta las siguientes palabras. Algunas al combinarse con otras forman pares como *secretaría/secretaria*.

1. academia	8. secretaria	15. varillas
2. comedia	9. alergia	16. adolescencia
3. dependencia	10. alegría	17. cercanía
4. farmacia	11. ciencia	18. competencia
5. importancia	12. cortesía	19. sería
6. maravilla	13. varias	20. seria
7. secretaría	14. varías	21. librería

Actividad C9.16 Llena el espacio en blanco con la palabra más indicada de la lista a continuación y usa las terminaciones de los diminutivos **-illo**, **-ío** e **-io**.

trío	vacío	escalofrío	bolsillo	cigarrillo	frío	resfrío	anillo

1. El novio llevaba el _____ de compromiso para proponerle matrimonio a su amada.

2. José tenía un fuerte _____ y por eso estuvo guardando cama por dos días.

3. Después de la muerte de su padre, le quedó un gran _____ en su corazón.

4. Los Panchos fue un gran _____ de música romántica; uno tocaba la guitarra, otro el requinto y uno era el que cantaba.

5. Al ver a La Llorona de repente, el conquistador sintió un fuerte _____ que lo dejó _____ del miedo.

6. Metió su dinero en el _____ del pantalón para no perderlo.

7. Joaquín se fumó un _____ dizque para calmar los nervios.

Actividad C9.17 Lee en voz alta las siguientes palabras. Después, marca con una **D** las que tienen diptongo y con una **N** las que no tienen diptongo.

1. agrario _____	8. contradictorio _____	15. pío _____
2. contrario _____	9. literario _____	16. fíe _____
3. prejuicio _____	10. río _____	17. fié _____
4. continuo _____	11. rió _____	18. funcionario _____
5. continúo _____	12. seudónimo _____	19. partidario _____
6. continuó _____	13. municipio _____	20. espíe _____
7. anuncio _____	14. heroico _____	

Actividad C9.18 En los espacios en blanco, escribe en diminutivos las palabras siguientes. Usa las terminaciones **-ito, -illo, -ico**.

Modelo: pájaro   pajarito pajarillo pajarico

1. libro   _____   _____   _____

2. máquina   _____   _____   _____

3. maestro   _____   _____   _____

4. chico   _____   _____   _____

5. muchacha _____   _____   _____

6. escuela   _____   _____   _____

7. traje   _____   _____   _____

8. animal   _____   _____

Actividad C9.19 Escribe tu respuesta a cada una de estas preguntas sobre el contenido del cuento.

1. ¿Qué representaba para su esposo la narradora de este cuento después de tres años de matrimonio?

_____

2. ¿Cómo era el pueblo donde vivían la narradora y su esposo?

_____

3. ¿Por qué dio la narradora «un grito de horror» al ver al huésped por primera vez?

_____

4. ¿Cómo era el cuarto que le asignaron al huésped? ¿Por qué «se acomodaba a sus necesidades»?

_____

5. ¿Para qué servían los corredores? ¿Dónde estaban localizados?

_____

6. ¿Cómo reaccionaba la narradora al ser sorprendida en la cocina y en otras partes por el huésped?

_____

7. ¿Cuál era el horario (la rutina diaria) del huésped?

_____

8. ¿Por qué quedaba siempre abierta la puerta del cuarto de la narradora?

_____

9. ¿A quién le arrojó la narradora una lámpara de gasolina y por qué?

_____

10. Relata el incidente del pequeño Martín.

_____

11. ¿Cómo respondió el esposo a las alegaciones de la narradora con respecto al huésped?

_____

12. ¿Por qué no huyó de la casa la narradora?

_____

13. ¿Cuánto tiempo le dijo el esposo que se quedaría en la ciudad arreglando unos negocios?

_____

14. ¿Cómo se aprovecharon de su ausencia Guadalupe y la narradora? ¿Qué hicieron exactamente?

_____

15. ¿Por qué fueron «espantosos» los días que siguieron a lo que habían hecho Guadalupe y la narradora?

_____

16. ¿Con qué noticia recibieron al esposo cuando regresó de su viaje de negocios?

_____

Actividad C9.20 Escribe tu respuesta a cada una de estas preguntas de interpretación filosófica.

1. ¿Qué simboliza el huésped? ¿Qué representan simbólicamente las características y costumbres de él que se manifiestan en la historia?

_____

_____

_____

2. ¿Por qué (según tú) había metido el esposo en su casa al huésped? ¿Por qué quería que se quedara? ¿Qué función tenía?

_____

_____

_____

3. ¿Cómo podría haber escapado de su cuarto el huésped después de ser encerrado por Guadalupe y la narradora? ¿Qué pudiera haber hecho?

_____

_____

4. ¿Cuál va a ser la reacción del esposo cuando regrese a casa de su viaje de negocios y se entere de la muerte del huésped? ¿Qué va a hacer? ¿Cómo van a responder la narradora y Guadalupe a lo que el esposo diga?

_____

_____

_____

Actividad C9.21 Explica el significado de las siguientes palabras o frases por medio de sinónimos o breves definiciones en español.

1. matrimonio _____

2. se acostumbra _____

3. distante _____

4. desaparecer _____

5. desdichada _____

6. supliqué _____

7. resistir _____

8. inofensivo _____

9. sufrir _____

10. los quehaceres _____

11. oscura _____

12. contento _____

13. casona _____

14. piezas _____

15. floreaban _____

16. regaba _____

17. atentos _____

18. arrojaba _____

19. nuevamente _____

20. descubría _____

21. al anochecer _____

22. alimentación _____

23. encendida _____

24. soportado _____

25. se estrelló _____

26. afecto _____

27. furia _____

28. recuperó _____

29. atemorizados _____

30. clausurar _____

Actividad C9.22 Escribe una oración original con cada una de las siguientes palabras o frases.

1. olvidaré _____

2. infierno _____

3. gozaba _____

4. odiaba _____

5. madrugada _____

6. mirada _____

7. exigí _____

8. No sé si _____

9. mientras _____

10. se oyó _____

11. actúen _____

Capítulo 10

Para todo mal, mezcal, y para todo bien, también

Actividad C10.1 Contesta las siguientes preguntas.

1. ¿Conoces en inglés un dicho que se le parezca al de «Para todo mal, mezcal, y para todo bien, también»?

   _____

2. ¿Qué significa para ti este dicho? ¿Cómo se pudiera aplicar en la vida?

   _____

Actividad C10.2 En el espacio en blanco, escribe una palabra de la primera lista en la página 142 del libro de texto que signifique lo mismo que las siguientes palabras o frases.

1. escuela   _____

2. personas   _____

3. persona que actúa en lugar de otra   _____

4. criatura celestial   _____

5. agarrar   _____

6. decidirse entre varias cosas, seleccionando una   _____

Actividad C10.3 Completa las siguientes oraciones con palabras de la primera lista en la página 142 del libro de texto. Haz los cambios necesarios.

1. Necesito _____ los errores que cometí en la composición de español para entregarla el martes.

2. Hay una _____ de la Virgen de Guadalupe en esa iglesia.

3. Después de la fiesta, no me quedó _____ para limpiar la casa.

4. No se conocen las razones por las que es tan eficaz la _____ negra en ciertas sociedades.

5. Esa información se encuentra en la _____ cincuenta del libro.

6. Los perros _____ a sus dueños porque ladran cuando se les acerca un extraño.

7. A veces es difícil para las personas _____ a sus gobernantes en una votación.

8. No es bueno _____ cariño por otra persona porque estamos siendo hipócritas con nosotros mismos.

Actividad C10.4 Escribe las formas apropiadas de los verbos que están entre paréntesis para completar estas oraciones.

1. El señor Ortiz _____ (dirigir) una pequeña orquesta cuando tenía 35 años.

2. Los estudiantes _____ (elegir) presidente a Raquel Ramos ayer.

3. Cuando María era chica, se _____ (imaginar) que las artistas de cine vivían una vida muy feliz.

4. Yo siempre _____ (corregir) las faltas que el profesor me señala en mis composiciones.

5. Cuando le tiré la pelota, Leti la _____ (recoger) con las dos manos.

6. Mi hermano siempre me _____ (proteger) de los malos cuando íbamos al colegio.

7. La señora estaba _____ (gemir) porque se le había muerto su perrito de lanas.

8. Ella quiere que yo _____ (escoger) unos zapatos nuevos.

9. La familia _____ (acoger) al muchacho con gran cariño y ternura cuando lo adoptaron.

Actividad C10.5 Escribe una oración con cada una de las siguientes palabras.

1. privilegio _____

2. sicológico _____

3. religión _____

4. fingir _____

5. escoger _____

6. agitar _____

7. imagen _____

8. acoger _____

Actividad C10.6 Completa las siguientes oraciones con palabras de la segunda lista de la página 142. Haz los cambios necesarios.

1. «En lo _____ cae la desgracia», dice un dicho popular.

2. Uno de los heridos tenía un _____ muy serio que le traspasó el hígado.

3. Muchos atletas son _____ del triunfo del espíritu humano.

4. Un _____ tiene que tener el respeto de las personas que trabajan para él.

5. La tierra gira sobre un _____ imaginario.

Actividad C10.7 Escribe una palabra de la segunda lista que aparece en la página 142 que se relacione con los siguientes conceptos.

1. parte de la cara _____

2. persona adulta del sexo femenino _____

3. techo hecho de tejas _____

4. prenda de vestir de dos o más piezas _____

5. algo que no está civilizado _____

6. idioma _____

7. pedazo de cartulina en forma rectangular _____

8. persona que va montada sobre un caballo _____

9. lo opuesto a subjetivo _____

10. realeza _____

Actividad C10.8 Llena el espacio en blanco con la palabra más indicada de la segunda lista de la página 142 del libro de texto.

1. El perro _____ estaba muy enfermo de rabia.

2. Me da _____ que alguna gente gaste tanto dinero en automóviles de lujo.

3. El presidente es el número uno en la _____ del gobierno; le sigue el vicepresidente.

4. Y luego le dije al rey: «Su _____ viene de un _____ muy distinguido».

5. Me dio una cachetada en la _____.

6. El _____ del viaje que hizo mi _____ era ver el magnífico _____ de Nueva Zelanda.

7. Tuvo que _____ le el brazo al furibundo _____ para que no le hiciera daño.

Actividad C10.9 Escribe una palabra de la tercera lista de la página 143 del libro de texto que signifique lo mismo que las palabras subrayadas. Haz los cambios necesarios.

1. Ayer <u>celebraron</u> _____ su aniversario de bodas.

2. Los profesores <u>se pusieron furiosos</u> _____ a causa de la decisión del decano.

3. El esposo <u>abandonó</u> _____ a su mujer y a sus catorce hijos.

4. Se necesita un permiso o licencia para <u>conducir</u> _____ un automóvil.

5. Cuando vio el pastel <u>le dieron ganas de</u> _____ probarlo.

6. El hombre <u>echó</u> _____ el paquete al río.

7. <u>Noté</u> _____ que Isabel estaba un poco distraída.

8. Los soldados <u>llevaron a cabo</u> _____ la orden del capitán.

Actividad C10.10 Escribe tu respuesta a cada una de estas preguntas sobre el contenido del cuento.

1. ¿Qué quiere decir Eduardo cuando le recuerda esto al señor del café: «Usted hace mucho que me conoce, aunque de lejos»?

   _____

2. ¿Cuál era el estado normal del padre de Eduardo?

   _____

3. Según Eduardo, ¿cómo son en el fondo los tipos que gritan, castigan e insultan?

   _____

4. ¿Quién es Mirta y cuántos años tiene?

   _____

5. ¿Cómo les pegaba el padre a Eduardo y a Mirta? ¿Cómo le pegaba a la madre?

   _____

6. ¿Cómo sabemos que la madre tenía bastante fuerza física?

   _____

7. ¿Por qué se sentía responsable la madre de la «porquería» que le hicieron al padre?

   _____

8. ¿En qué condiciones económicas vivían Eduardo y su familia?

   _____

9. ¿Cómo era el padre antes de que empezara a emborracharse?

   _____

10. ¿Por qué faltaba a veces a la escuela Eduardo?

    _____

11. ¿Por qué se opusieron las abuelas de uno y otro lado al matrimonio de los padres de Eduardo?

    _____

12. ¿Cómo reaccionaba la madre a los golpes del padre?

    _____

13. ¿Qué cosa ya había empezado la noche que la madre llegó a casa un poco tarde?

    _____

14. ¿Por qué faltó Eduardo dos o tres veces al trabajo y qué descubrió en una de esas ocasiones?

_____

15. ¿Cómo murió la madre de Eduardo?

_____

16. ¿Cómo reaccionaba el padre al principio cuando Eduardo iba a visitarlo a la cárcel?

_____

17. ¿Cómo se enteró el padre de que la madre tenía relaciones con otro hombre?

_____

18. ¿Por qué está contento Eduardo de que el señor del café se eche a llorar?

_____

Actividad C10.11 Escribe tu respuesta a cada una de estas preguntas de interpretación filosófica.

1. Dice Eduardo, «A papá lo destruyó una porquería que le hicieron». ¿Fue eso lo que de veras destruyó a su padre, o ya llevaba dentro la semilla de su propia destrucción? Explícate.

_____

_____

2. Los vecinos de la familia de Eduardo seguramente sabían que el padre golpeaba constantemente a su esposa y a sus hijos, pero no hicieron nada. ¿Qué podrían haber hecho? ¿Por qué no lo hicieron?

_____

_____

3. ¿Por qué hizo bien o mal Eduardo en continuar siguiendo a su mamá y al señor del café después de haberlos visto juntos por primera vez? ¿Por qué lo hizo?

_____

_____

4. El padre no mató a su mujer inmediatamente después de verla con el señor del café, sino que esperó hasta más tarde cuando estaba otra vez borracho. ¿Por qué esperó? ¿Por qué no lo hizo al instante?

_____

_____

5. ¿Crees que Eduardo se siente culpable de la muerte de su madre? Explícate.

_____

_____

6. «La mamá de Eduardo tuvo la culpa de su propia muerte». ¿Estás de acuerdo con este punto de vista? Explícate. ¿Qué pudiera haber hecho la mamá para evitar la tragedia? ¿En qué momento pudiera haber actuado—y de qué manera—para mejorar la situación ya de una vez por todas?

_____

_____

Actividad C10.12 Explica el significado de las siguientes palabras o frases por medio de sinónimos o de breves definiciones en español.

1. conversación _____

2. de lejos _____

3. espiaba _____

4. historia _____

5. silencio _____

6. vicio _____

7. motivo _____

8. le daba rabia _____

9. aguantado _____

10. me encargaba _____

11. porquería _____

12. perjudicado _____

13. se lo reprochaba _____

14. conventillo _____

15. pasar hambre _____

16. insultaba _____

17. avisar _____

18. matrimonio _____

19. deprimida _____

20. almacén _____

21. preso _____

22. acepta _____

23. lo contrario _____

24. cariño _____

Actividad C10.13 Escribe una oración con cada una de las siguientes palabras o frases.

1. hace mucho que _____

2. le agradezco _____

3. con el tiempo _____

4. no supe nunca _____

5. la verdad era que _____

6. hacer milagros _____

7. de vez en cuando _____

8. ojalá _____

9. ni siquiera _____

10. temía que _____

11. por lo menos _____

12. tenía ganas _____

13. antes de que _____

14. como si _____

15. al principio _____

16. estoy seguro que _____

17. él habría comprendido _____

18. no le gustaba que _____

Actividad C10.14 Llena el espacio en blanco con las palabras de la siguiente lista.

tenía que contarle	apareciera	habría	gritan y castigan	en que consistió
nadie decía nada	mucho tiempo	se opusieron	cortaron	

1. Hace _____ que yo tenía ganas de hablar con usted.

2. Los tipos que _____ son en el fondo unos pobres diablos.

3. Yo no supe nunca _____ la porquería.

4. Estoy seguro de que los vecinos escuchaban todos los gritos, pero _____.

5. Cuando papá y mamá se casaron, las dos abuelas _____ a ese matrimonio y _____ las relaciones con nosotros.

6. Antes de que usted _____, yo había notado que cada vez estaba más deprimida, más apagada, más sola.

7. ¿Usted cree que, de todos modos, papá _____ matado a mamá?

8. Cuando usted se me acercó y me invitó a tomar un capuchino con tostadas, yo sentí que _____ todo esto.

Capítulo 11

Arrieros somos y en el camino andamos

Actividad C11.1 Contesta las siguientes preguntas.

1. ¿Conoces en inglés un dicho que se le parezca al de «Arrieros somos y en el camino andamos»?

_____

2. ¿Qué significa para ti este dicho? ¿Cómo se pudiera aplicar en tu vida?

_____

Actividad C11.2 En las siguientes oraciones, indica cual es el sujeto y escríbelo a la derecha; si está suprimido escribe la palabra **suprimido**.

Modelo: El perro del hortelano le dio un buen susto al gato siamés.
<u>El perro del hortelano</u>

1. Gloria va a graduarse el próximo año. _____

2. Todos mis amigos dicen que soy el mejor de la clase. _____

3. La inmensa mayoría de los presentes votó en contra de la propuesta. _____

4. No me escribieron nada. _____

5. Si me lo hubieras dicho tú, me habría puesto de acuerdo. _____

6. Antes de que los García se acostaran, telefonearon a la policía y le dijeron que su hermano se había extraviado otra vez. _____

7. ¿Todavía no se ha puesto en contacto con Uds. con respecto a los planes para el aniversario de bodas tu cuñada? _____

8. Se pusieron frenéticos todos porque mis suegros aún no habían llamado.
   _____

9. Mucho muy difícil va a ser el examen final.
   _____

10. Estará tremendo.
    _____

Actividad C11.3 Escribe al lado derecho de las palabras escritas en negrilla (letra obscura) si es o **sustantivo** o *verbo*.

> **Modelo:** Yo **salto** (_____) cada vez que ella da un **salto** (_____).
>
> Yo **salto** (<u>verbo</u>) cada vez que ella da un **salto** (<u>sustantivo</u>).

1. Ya apareció el **anuncio** (_____) en el periódico, donde **anuncio** (_____) la venta de mi casa.

2. Cuando voy de viaje, siempre **cambio** (_____) el dinero en el mercado negro, donde uno recibe mejor **cambio** (_____).

3. Con la **ayuda** (_____) de muchos países, el gobierno **ayuda** (_____) a reconstruir su economía.

4. Yo lo **apoyo** (_____) si consigue el **apoyo** (_____) de los demás.

5. En mi viaje de **regreso** (_____), esta vez **regreso** (_____) por Santa Bárbara y no por Bakersfield.

6. Hay que tomar la cosa con **calma** (_____), porque si la muchacha no se **calma** (_____) la voy a tener que llevar a la cárcel.

7. Siempre **camino** (_____) mucho pero nunca puedo encontrar el **camino** (_____) al rancho.

Actividad C11.4 Escribe una oración completa en la cual la palabra indicada se use como **verbo**. Luego escribe otra oración en la que la misma palabra se use como **sustantivo**. Sigue un ejemplo de cómo proceder.

> **Modelo:** abrazo
>
> verbo: <u>Cada vez que lo veo, lo abrazo.</u>
>
> sustantivo: <u>No me dio el acostumbrado abrazo de despedida.</u>

1. causa

   verbo: _____

   sust.: _____

2. comienzo

   verbo: _____

   sust.: _____

3. cuento

   verbo: _____

   sust.: _____

4. cura

   verbo: _____

   sust.: _____

5. duda

   verbo: _____

   sust.: _____

6. encuentro

   verbo: _____

   sust.: _____

7. falta

   verbo: _____

   sust.: _____

8. lucha

   verbo: _____

   sust.: _____

9. nota

   verbo: _____

   sust.: _____

10. pregunta

    verbo: _____

    sust.: _____

11. sospecha

    verbo: _____

    sust.: _____

12. vino

    verbo: _____

    sust.: _____

Actividad C11.5 Escribe en el paréntesis si la palabra subrayada es **sustantivo** o **nombre propio**.

> **Modelo:** Mañana su <u>loro</u> (sustantivo) dará un <u>concierto</u> (sustantivo) en el <u>Teatro Colón</u> (nombre propio).

1. Anoche llegó mi tío de <u>California</u> (_____).

2. El <u>pobre</u> (_____) venía tan cansado que apenas pudo bajar del coche.

3. Algunos rehuyen de los <u>González</u> (_____) porque son muy malos.

4. Metieron noventa <u>prisioneros</u> (_____) en la <u>Alcatraz</u> (_____) porque no había otro lugar donde pudieran caber.

5. El <u>salón de clase</u> (_____) de nuestro <u>departamento</u> (_____) estaba reservado para la clase de historia.

6. <u>Juan y José</u> (_____) nunca comen <u>verduras</u> (_____) verdes.

7. Antes de que me mudara a la ciudad de <u>Santa Fe</u> (_____) no conocía el <u>Suroeste</u> (_____) del país.

Actividad C11.6 Marca con una **S** si son **sustantivos** o con una **NP** si son **nombres propios** las siguientes palabras subrayadas en la siguiente narración.

En <u>España</u> (_____) la <u>Guerra Civil</u> (_____) empezó el 18 de <u>julio</u> (_____) del año 1936. Fue la culminación de más de diez años de <u>inestabilidad</u> (_____) política que habían comenzado durante la <u>dictadura</u> (_____) de <u>Miguel Primo de Rivera</u> (_____) (1923–1930). En 1931 se proclamó la <u>Segunda República Española</u> (_____). En seguida empezaron los <u>problemas</u> (_____). Por muchas décadas el pueblo español venía reclamando cambios fundamentales en la estructura social y política del país, pero por varias <u>razones</u> (_____) había habido pocos avances con respecto a la solución de los <u>problemas</u> (_____). Durante los cinco años de la <u>República</u> (_____) hubo muchos intentos—alguna gente diría demasiados intentos—de resolver las dificultades de la <u>nación</u> (_____), pero a la hora de la hora sólo sirvieron para que el país estuviera más dividido que en cualquier otro momento de su <u>historia</u> (_____). Era como si todas las tensiones acumuladas durante siglos y siglos explotaran de una vez. Hubo varias <u>revueltas</u> (_____) anarquistas, muchas <u>huelgas</u> (_____), algunos <u>proyectos</u> (_____) de reforma agraria, pronunciamientos de militares conservadores, varias elecciones generales, algún escándalo parlamentario que provocó la caída del <u>primer ministro</u> (_____) y, sobre todo, mucha agitación social por todos lados. En el mes de julio de 1936 ocurrió el asesinato de <u>José Calvo Sotelo</u> (_____), el jefe de la <u>oposición</u> (_____) conservadora. <u>La Guerra Civil</u> (_____) comenzó apenas cinco días después. Durante la <u>guerra</u> (_____) murieron un millón de españoles. Las hostilidades terminaron el primero de abril de 1939 con la victoria de las fuerzas conservadoras del generalísimo <u>Francisco Franco</u> (_____), quien gobernó como <u>dictador</u> (_____) al país hasta su muerte en 1975.

Actividad C11.7 Escribe tu respuesta a cada una de estas preguntas sobre el contenido del cuento.

1. ¿Cuándo empieza el mito de La Llorona?

   _____

2. ¿Por qué se imponía el toque de queda?

   _____

3. ¿A qué hora solía aparecer La Llorona?

   _____

4. ¿Cómo y por qué eran los gemidos de La Llorona?

   _____

5. ¿Qué hacían los vecinos como protección?

   _____

6. ¿Cómo vestía La Llorona?

   _____

7. ¿Cuál era la trayectoria de La Llorona cuando se aparecía y dónde terminaba su recorrido?

   _____

8. ¿Cómo era el ambiente que describe el narrador por donde aparece La Llorona?

   _____

9. ¿Qué pasaba cuando las personas la seguían?

   _____

10. ¿Se sabe o se supo quién era La Llorona?

    _____

Actividad C11.8 Escribe tu respuesta a cada una de estas preguntas de interpretación filosófica.

1. Imagínate que tú ves a La Llorona. ¿Qué harías? ¿La seguirías o te quedarías pasmado? ¿Gritarías o te santiguarías? ¿Correrías o le hablarías? ¿Tendrías mucho miedo o la enfrentarías? Explica tu respuesta.

   _____

   _____

   _____

2. Suponte que eres cazador de fantasmas. ¿Cómo convencerías a La Llorona de que fuera contigo para hablarle? ¿La invitarías a platicar o le harías un conjuro? ¿Cuál sería tu técnica para convencerla de que no anduviera vagando por las calles asustando a las personas?

_____

_____

_____

3. ¿Tú crees que las leyendas son invenciones fantásticas de la realidad o son verdaderas? ¿Por qué lo que vemos y no entendemos lo convertimos en sobrenatural? ¿Conoces alguna leyenda que sea de tu ciudad? Explica tu respuesta.

_____

_____

_____

4. ¿La Llorona es un personaje que te da miedo? ¿Habías escuchado alguna versión parecida de esta leyenda? ¿Quién te lo contó? ¿Crees en este tipo de leyendas? ¿Por qué sí o por qué no?

_____

_____

_____

Actividad C11.9 Relaciona la columna de la izquierda con la columna de la derecha.

1. consumada   _____ tela para cubrir la cara

2. a mediados   _____ hondo, profundo

3. espantado   _____ alargaron

4. gemido   _____ alma

5. santiguarse   _____ sollozo, quejido

6. ánima   _____ persignarse

7. lúgubre   _____ horrorizado, asustado

8. prolongaron   _____ a mitad

9. velo   _____ triste, fúnebre

10. penetrante   _____ llevado a cabo

Actividad C11.10 Relaciona la columna de la izquierda con la columna de la derecha.

1. pausado   _____ cariño

2. aterrorizaba   _____ moverse, cambiarse

3. valerosos   _____ discutir, argumentar

4. mármol   _____ valientes

5. averiguar   _____tipo de piedra

6. de rodillas   _____lento, con variaciones

7. misteriosa   _____asustaba, horrorizaba

8. trasladarse   _____hincado

9. ternura   _____enigmática, oculta

Actividad C11.11 Escribe una oración con cada una de las siguientes palabras o frases.

1. a larga distancia _____

2. apenas se atrevían _____

3. a cuantos la veían _____

4. se desvanecía como _____

5. larguísimo lamento _____

Capítulo 12

A quien madruga, Dios le ayuda

Actividad C12.1 Contesta lo siguiente.

1. ¿Conoces en inglés un dicho que se le parezca al de «A quien madruga, Dios lo ayuda»?

   _____

2. ¿Qué significa para ti este dicho? ¿Cómo se pudiera aplicar en tu vida?

   _____

Actividad C12.2 Completa las oraciones llenando el espacio en blanco con la información que acabas de aprender sobre la gramática.

1. El pronombre personal de sujeto de primera persona singular es _____.
2. El pronombre *tú* es la _____ persona.
3. El pronombre *Uds.* se describe como la _____ del plural.
4. Los dos pronombres personales de sujeto que corresponden a la tercera persona del plural

   son _____ y _____.
5. El pronombre personal de sujeto de tercera persona singular femenina

   es _____.
6. El pronombre personal masculino de sujeto de tercera persona singular

   es _____.

Actividad C12.3 Marca con una **I** las oraciones incorrectas en las que la forma del verbo no concuerda con el sujeto. Si la oración es correcta, marca una **C**.

Modelo: Mis papás *estoy* en California. _____ I _____

1. Mis tíos *vivimos* en Brownsville. _____

2. Yo siempre *hablo* los dos idiomas a la vez. _____

3. Uds. *llego* tarde a la escuela. _____

4. Nosotros *tratan* de correr cinco millas todos los días. _____

5. Doña Josefina no sabe nada de inglés. _____

6. *Acaba* de cruzar la frontera José y Ramón. _____

7. Ellas *dice* cosas muy estúpidas. _____

8. Mañana *van a ir* Rosa María y Socorro a Ensenada. _____

9. Los que *preferiste* comer pollo frito es mis primos. _____

10. Todos nosotros *saben* usar el acento perfectamente. _____

11. Nunca *uso* palabras feas los niños bien educados. _____

12. Por la mañana *agarro* mis libros y salgo volando. _____

Actividad C12.4 Escribe en el espacio en blanco cualquier pronombre personal de sujeto o cualquier sustantivo sujeto que pueda corresponder a la forma verbal indicada.

1. iré _____

2. vas _____

3. fuimos _____

4. fueron _____

5. iba _____

6. escribiremos _____

7. has escrito _____

8. escribió _____

9. escribían _____

10. escribo _____

11. puse _____

12. pongas _____

13. pondrá _____

14. pondríamos _____

15. pusieran _____

16. había entendido _____

17. hubieras entendido _____

18. entendimos _____

19. entienda _____

20. entendieran _____

Actividad C12.5 Escribe la palabra que falta en los espacios en blanco. A veces falta un pronombre personal de sujeto o un sustantivo de sujeto; otras veces falta una forma verbal. Usa formas del verbo **hablar** en toda esta actividad. (Las formas verbales pueden ser de cualquier tiempo: futuro, presente, pretérito, etc.)

Modelos: yo hablaré   ellos hablarán

1. habláramos _____

2. Uds. _____

3. tú _____

4. _____ hablas

5. _____ hablaron

6. nosotros _____

7. ellos _____

8. yo _____

9. él _____

10. la vecina de al lado _____

11. mi suegra _____

12. _____ habrían hablado

13. _____ hablaban

14. _____ hablé

15. _____ hemos hablado

Actividad C12.6 En las siguientes palabras, indica qué sílabas son las últimas, cuáles son las penúltimas y cuáles son las antepenúltimas.

1. per-mi-so

2. de-sa-rro-llar

3. piz-co

4. tran-qui-li-dad

5. fe-rro-ca-rril

6. a-pren-di-za-je

7. in-so-por-ta-ble

8. con-sen-ti-mien-to

9. a-con-di-cio-na-bas

10. e-lec-tro-en-ce-fa-lo-gra-fí-a

Actividad C12.7 En las siguientes palabras, identifica la sílaba tónica y escríbela sin guión. En cada caso, lee la palabra en voz alta para saber cuál es la sílaba tónica.

Modelo: com-pu-ta-**do**-ra __do__

1. em-ba-ra-za-da _____

2. pa-pá _____

3. ex-tor-sio-na-do _____

4. hin-dú _____

5. far-ma-cia _____

6. pa-sa _____

7. pa-tri-mo-nio _____

8. ce-ro _____

9. com-pren-der _____

10. man-za-na _____

11. es-pe-ran-za _____

12. la-cio _____

13. ma-te-má-ti-cas _____

14. ca-ri-dad _____

15. al-ter-na-ción _____

16. mo-to-ca-rro _____

17. re-lám-pa-go _____

18. a-sí _____

19. pe-rio-di-cu-cho _____

20. in-ter-pre-ta-ción _____

21. cor-ta _____

22. me-su-ra _____

23. ma-no-ta-zo _____

24. e-jer-ci-cio _____

25. ve-ra-no _____

26. pa-pel _____

27. Ma-ria-no _____

28. Her-nán-dez _____

29. di-fí-cil _____

30. pan-zon-sí-si-mo _____

Actividad C12.8 Identifica la sílaba tónica de cada palabra y escríbela en el espacio en blanco.

Modelo: recibo __ci__

1. mesero _____
2. falsificador _____
3. facilidades _____
4. inteligente _____
5. biblioteca _____
6. peluquería _____
7. liberación _____
8. familia _____
9. familiares _____
10. Domingo

11. dominicano _____
12. revolcón _____
13. Colombia _____
14. colombiano _____
15. merezco _____
16. merecer _____
17. merienda _____
18. merendero _____
19. bolsa _____
20. bolsero _____

21. feo _____
22. fealdad _____
23. danzante _____
24. danza _____
25. ataqué _____
26. ataque _____
27. desierto _____
28. desértico _____
29. mendicidad _____
30. mendigo _____

Actividad C12.9 Todos los siguientes números contienen palabras que son sobresdrújulas o esdrújulas. Escribe otra vez la palabra y pon el acento donde haga falta.

1. consigaselo _____
2. cinico _____
3. clinica _____
4. colera _____
5. comico _____
6. democratico _____
7. dinamico _____
8. diplomatico _____
9. dramatico _____
10. economico _____
11. traigamelas _____

12. escandalo _____
13. espectaculo _____
14. espiritu _____
15. academico _____
16. agricola _____
17. aguila _____
18. analisis _____
19. antipatico _____
20. cantartela _____
21. aristocratico _____
22. atmosfera _____

23. barbaro _____
24. camara _____
25. caracteristica _____
26. cientifico _____
27. pongaselas _____
28. compramelo _____
29. comete _____
30. tirasela _____
31. echaselos _____
32. limpiandoselo _____

Actividad C12.10 Las siguientes palabras son llanas. Escribe otra vez la palabra en la línea de la derecha y pon el acento si hace falta.

1. huesped _____
2. cesped _____
3. cantan _____
4. facil _____
5. fertil _____
6. ciudades _____
7. arbol _____
8. terrible _____

9. cambian _____
10. rico _____
11. dificil _____
12. casa _____
13. angel _____
14. memorandum _____
15. ultimatum _____
16. Rodriguez _____

17. perro _____
18. ladrones _____
19. dijo _____
20. hostiles _____
21. debil _____
22. totalitario _____

Actividad C12.11 Escribe otra vez la palabra y luego pon el acento donde haga falta. Todas las palabras son agudas.

1. sofa _____
2. cafe _____
3. Manuel _____
4. Rene _____
5. David _____
6. Ramon _____
7. Concepcion _____
8. adios _____
9. vendere _____
10. balcon _____
11. pared _____
12. pidio _____
13. frances _____
14. español _____
15. portugues _____
16. pared _____
17. tropical _____
18. estudiar _____
19. alla _____
20. ahi _____
21. despues _____
22. papel _____
23. pretendio _____
24. Cortez _____
25. Cortes _____
26. pretendi _____
27. vivio _____

Actividad C12.12 Escribe otra vez la palabra y luego pon el acento donde haga falta.

1. terrible _____
2. republica _____
3. cine _____
4. vendida _____
5. finlandes _____
6. dijo _____
7. catolico _____
8. fisico _____
9. gordisimo _____
10. pobre _____
11. ningun _____
12. puso _____
13. recien _____
14. reciente _____
15. Valadez _____
16. Gonzalez _____
17. Hernandez _____
18. Saucedo _____
19. caracter _____
20. dificil _____
21. tipico _____
22. salio _____
23. pensare _____
24. resolucion _____
25. resoluciones _____
26. pone _____
27. pondre _____
28. penso _____
29. pienso _____
30. lagrima _____
31. lacrimoso _____
32. cientifico _____
33. hispanico _____
34. latino _____
35. protestante _____

Actividad C12.13 Escribe otra vez la palabra y luego pon el acento donde haga falta.

1. boletin _____
2. maletin _____
3. invasion _____
4. pasiones _____
5. comun _____
6. adios _____
7. dios _____
8. limones _____
9. limon _____
10. lima _____
11. balcon _____
12. almacen _____
13. lecciones _____
14. presion _____
15. dioses _____
16. ladron _____
17. millones _____
18. campeones _____
19. campeon _____
20. correccion _____

Actividad C12.14 Escribe otra vez la palabra y luego pon el acento donde corresponda, si hace falta.

1. estupidamente _____
2. verticalmente _____
3. fatalmente _____
4. cortesmente _____
5. legitimamente _____
6. extremadamente _____
7. fundamentalmente _____
8. locamente _____
9. timidamente _____
10. tradicionalmente _____

11. ricamente _____
12. fisicamente _____
13. simplemente _____
14. dramaticamente _____
15. francamente _____
16. delicadamente _____
17. publicamente _____
18. periodicamente _____
19. telegraficamente _____
20. prácticamente _____

Actividad C12.15 Pon la letra que corresponda a la explicación de por qué se escribe el acento en cada una de las siguientes palabras. Usa las explicaciones siguientes.

a. La palabra es **sobresdrújula** o **esdrújula**.
b. La palabra es **llana** y termina en cualquier consonante que no sea **n** o **s**.
c. La palabra es **aguda** y termina en vocal, **n** o **s**.
d. En el adverbio terminado en -*mente*, el antiguo adjetivo llevaba acento.
e. El acento separa un diptongo, creando un **antidiptongo**.

1. acabarás _____
2. legítimo _____
3. huésped _____
4. huéspedes _____
5. Marín _____
6. Julián _____
7. Héctor _____
8. explíquemelo _____
9. ultimátum _____
10. pío _____

11. allá _____
12. fantásticamente _____
13. ridículo _____
14. baúl _____
15. mío _____
16. así _____
17. acuático _____
18. comprenderás _____
19. comprenderías _____
20. Gálvez _____

21. gavilán _____
22. Galván _____
23. tradición _____
24. freí _____
25. continúo _____
26. continuó _____
27. lástima _____
28. lastimó _____

Actividad C12.16 Escribe tu propia oración original con cada una de las siguientes palabras.

1. papá: _____

2. aquí: _____

3. descendió: _____

4. trébol: _____

5. sirvió: _____

6. depósito: _____

7. deposito: _____

8. depositó: _____

9. compre: _____

10. compré: _____

11. averigüe: _____

12. averigüé: _____

13. terminarás: _____

14. terminaras: _____

15. decido: _____

16. decidió: _____

17. compás: _____

18. compas: _____

19. papa: _____

20. andén: _____

Actividad C12.17 Usa las siguientes palabras en una oración original en español.

1. de _____

2. dé _____

3. el _____

4. él _____

5. más _____

6. mi _____

7. mí _____

8. se _____

9. sé _____

10. si _____

11. sí _____

12. te _____

13. té _____

14. tu _____

15. tú _____

16. solo _____

17. sólo _____

18. aun _____

19. aún _____

Actividad C12.18 La comprensión. Escribe tu respuesta a cada una de estas preguntas sobre el contenido del cuento.

1. ¿Qué pisó el hombre? ¿Qué sintió inmediatamente después?

   _____

2. ¿Por qué muerden las víboras? Da por lo menos dos razones.

   _____

3. ¿Cómo reaccionó el hombre ante el ataque? ¿Por qué hizo lo que hizo? ¿De qué le sirvió?

   _____

4. ¿Qué hizo el hombre para tratar de curarse de los efectos de la mordedura?

   _____

5. ¿Hacia dónde se dirigió?

   _____

6. ¿Qué sintió en el pie?

   _____

7. ¿Cómo sabemos que el veneno empezaba a tener efecto en otras partes de su cuerpo?

   _____

8. ¿Por qué empezó de repente a tener una «sed quemante»?

   _____

9. ¿Por qué parecía «adelgazada y a punto de ceder» la piel del hombre?

   _____

10. ¿Qué pidió que le diera su esposa? ¿En efecto ella se lo dio? ¿Por qué no quedó satisfecho?

   _____

11. ¿Qué sucedió cuando intentó incorporarse?

_____

12. ¿Cómo tenía la pierna ya?

_____

13. Como el hombre no quería morir, ¿qué decidió hacer?

_____

14. ¿A qué distancia está Tacurú-Pacú del rancho del hombre?

_____

15. ¿Por qué se va en **canoa** a Tacurú-Pacú?

_____

16. ¿A quién decidió pedir ayuda y por qué?

_____

17. ¿Qué hizo el compadre Alves al gritar el hombre que no le negara un favor?

_____

18. ¿Qué es «la eterna muralla lúgubre» a la que se refiere el autor del cuento?

_____

19. ¿Qué sintió el hombre después de caer el sol y cómo se sentía después?

_____

20. ¿De qué estaba convencido el hombre en cuanto al veneno? ¿Qué cosa ya no podía mover?

_____

21. ¿En qué y en quiénes se puso a pensar mientras «el bienestar avanzaba»?

_____

22. ¿Qué fue lo último que dijo el hombre antes de morir? ¿Por qué dijo eso precisamente?

_____

_____

Actividad C12.19 Escribe tu respuesta a cada una de estas preguntas de interpretación filosófica.

1. ¿Cómo nos hace saber el autor que va empeorándose la condición física del hombre después de la mordedura de la víbora?

_____

2. ¿Qué detalles nos dan a entender que el hombre se encuentra muy lejos de toda civilización?

_____

3. Sólo una vez se usa el nombre («Paulino») del personaje principal del cuento. ¿Qué pretende lograr el autor al llamarlo casi siempre «el hombre» a secas?

_____

4. ¿Por qué no se despide el hombre de su esposa?

_____

5. ¿Cuál es el tema principal de este cuento? ¿Qué relación hay entre el tema y el título del cuento?

_____

_____

6. ¿Qué pudiera haber hecho el hombre para defenderse de las mordeduras de las víboras?

_____

7. ¿Qué relación tiene la visión de la naturaleza que se pinta en este cuento con lo inevitable de la muerte? ¿Cómo contribuyen el lenguaje y las descripciones del paisaje a producir el efecto que logra el autor?

_____

_____

Actividad C12.20 Relaciona la columna de la derecha con la de la izquierda.

1. mordedura   _____que no tiene humedad
2. juramento   _____protuberancia, hinchamiento
3. dificultosamente   _____unión del pie con la pantorrilla
4. machete   _____morado
5. espiral   _____encajar los dientes
6. contempló   _____mala palabra, mal pensamiento
7. (de color) violeta _____difícilmente
8. tobillo   _____arma grande en forma de cuchillo
9. abultamiento   _____en forma circular
10. sequedad   _____mirar con detenimiento

Actividad C12.21 Relaciona la columna de la derecha con la de la izquierda.

1. hinchazón   _____sin forma
2. devoraba   _____la colina, montaña pequeña
3. sorbió   _____devolver el estómago
4. de nuevo   _____sagaz, astuto

5. espantada   _____abultamiento, inflamación

6. atroz   _____comía, tragaba

7. vómito   _____embarcación pequeña

8. canoa   _____otra vez

9. el monte   _____asustada

10. deforme   _____bebió

Actividad C12.22 Relaciona la columna de la derecha con la de la izquierda.

1. lívidas   _____se reducía

2. disgustados   _____ensanchar, alargar

3. cuesta arriba   _____recobrar, volver a tener

4. alzando   _____humedad matutina

5. rumor   _____descoloridas

6. al atardecer   _____enojados, enemistados

7. rocío   _____opuesto a abajo

8. reponerse   _____levantando

9. estiró   _____chisme, lo que se dice

10. disminuía   _____antes del anochecer

Actividad C12.23 Escribe una oración con cada una de las siguientes palabras o frases.

1. pisó _____

2. saltó _____

3. ataque _____

4. sangre _____

5. amenaza _____

6. hundió _____

7. invadir _____

8. relámpagos _____

9. con dificultad _____

10. desaparecían _____

11. se quebró _____

12. tragos _____

13. garganta _____

14. pañuelo _____

15. aumentaba _____

16. la frente _____

17. la corriente _____

18. energía _____

19. mirada _____

20. hinchado _____

21. fuerza _____

22. en vano _____

23. suelo _____

24. agresivo _____

25. el fondo _____

26. violento _____

27. antes de _____

28. sentía _____

29. cruzó _____

30. de pronto _____

Actividad C12.24 Llena el espacio en blanco con una palabra de la lista que sirva para completar la oración. Ten cuidado porque sólo hay una posibilidad.

había	se sentía	cayó	sí misma	sintió	sintió	se echo
comenzaba a	decidió a	llevaría	dejaron	se oyó	del todo	

1. La yararacusú, arrollada sobre _____, esperaba otro ataque.

2. El machete _____ de lomo, dislocándole las vértebras.

3. Un dolor agudo _____ invadir todo el pie.

4. De pronto el hombre _____ dos otras fulgurantes puntadas.

5. Llegó al rancho y _____ de brazos sobre la rueda de un trapiche.

6. Estaba seguro de que la corriente del río lo _____ antes de cinco horas a Tacurú-Pacú.

7. Sus manos dormidas _____ caer la pala en la canoa.

8. El hombre se _____ pedir ayuda a su compadre Alves.

9. En el silencio de la selva no _____ un solo rumor.

10. Contaba con la caída del rocío para reponerse _____.

11. El hombre que iba en la canoa _____ cada vez mejor.

12. Él _____ conocido a Lorenzo Cubilla un Viernes Santo.

Capítulo 13

Según siembres, así recogerás

Actividad C13.1 Contesta lo siguiente.

1. ¿Conoces en inglés un dicho que se le parezca al de «Según siembres, así recogerás»?

   _____

2. ¿Qué significa para ti este dicho? ¿Cómo se pudiera aplicar en tu vida?

   _____

Actividad C13.2 Indica a qué conjugación pertenece cada uno de los siguientes verbos.

a. primera   b. segunda   c. tercera conjugación

   Modelo: corregir __c__

1. abrazar _____	8. caber _____	15. emplear _____
2. adquirir _____	9. columpiar _____	16. estar _____
3. agradecer _____	10. concebir _____	17. saber _____
4. anunciar _____	11. crear _____	18. equivocar _____
5. apretar _____	12. creer _____	19. denunciar _____
6. andar _____	13. reír _____	20. fastidiar _____
7. boxear _____	14. hacer _____	21. dirigir _____

Actividad C13.3 Escribe el infinitivo de las siguientes formas verbales conjugadas.

Modelo: trataron <u>tratar</u>

1. abrazo   _____
2. acercas   _____
3. aprenden _____
4. asiste   _____
5. ayudamos _____
6. baña   _____
7. burlamos _____
8. siguió   _____
9. platicaron _____
10. debiste   _____

11. dejaba   _____
12. desprecias _____
13. desean   _____
14. emplea   _____
15. escribiste _____
16. restringió _____
17. enviaban _____
18. disminuiste _____
19. exiges   _____
20. golpeamos _____

Actividad C13.4 Escribe la forma normativa del infinitivo que corresponde a cada una de las siguientes formas conjugadas.

Modelo: detienes <u>detener</u>

1. acuerdan _____
2. cuestan _____
3. dice _____
4. durmió _____
5. entiendo _____
6. cuelgas _____
7. juego _____
8. llueve _____
9. muestran _____

10. pidieron _____
11. quieres _____
12. siguió _____
13. sintió _____
14. sueño _____
15. tienen _____
16. vuelo _____
17. resiente _____
18. defiendes _____

Actividad C13.5 Completa las siguientes oraciones escribiendo la forma del verbo <u>regresar</u> en el espacio que mejor corresponda a cada entorno.

1. Mira, lo que pasa es que siempre te atrasas y nunca _____ a tiempo.

2. Anoche yo _____ muy tarde a la casa porque se me ponchó una llanta.

3. Cuando vivía mi papá en Los Ángeles siempre había mucho tráfico en las autopistas y seguido _____ tarde a casa.

4. Según nuestro horario, tú y yo _____ a Madrid a las nueve de la noche.

5. Pero si tomáramos otro vuelo, _____ tres horas más temprano.

6. De todas formas, vamos a empezar antes de que tu abuela _____ para darle una buena sorpresa.

7. Ya se había dormido cuando ellos _____.

8. Ella _____ a las siete si pudiera, pero no puede porque ha chocado.

9. Pronto podremos comenzar la rifa porque poco a poco la gente va a _____.

10. Pero si vas a _____ a las 3:30, ¿por qué no puedes estar en casa antes de las 4:15?

11. Mi mamá quería que yo _____ a la casa un poco después de las seis de la tarde.

Actividad C13.6 En la tabla de las formas de *regresar*, busca las formas de *regresar* que se describen a continuación y escríbelas en los espacios en blanco correspondientes.

Modelo: 2ª persona informal singular del presente indicativo: __regresa__

1. 1ª persona singular del pretérito: _____

2. 3ª persona plural del imperfecto de indicativo: _____

3. 1ª persona plural del futuro: _____

4. 3ª persona singular del presente de subjuntivo: _____

5. 1ª persona plural del presente de subjuntivo: _____

6. 3ª persona plural del pretérito: _____

7. 3ª persona plural del imperfecto de subjuntivo: _____

8. 2ª persona singular del imperfecto de indicativo: _____

9. 3ª persona singular del presente de indicativo: _____

10. 1ª persona plural del condicional: _____

11. 3ª persona plural del presente de subjuntivo: _____

12. 2ª persona singular informal del pretérito: _____

13. 2ª persona singular formal del pretérito: _____

14. 3ª persona plural del imperfecto de indicativo: _____

15. 1ª persona singular del presente de indicativo: _____

Actividad C13.7 Escribe en el espacio en blanco una oración original con cada una de las siguientes formas del verbo *vender*.

Modelo: vende: *Ella vende las frutas en el mercado*

1. vendieron _____

2. vendiste _____

3. venden _____

4. vendía _____

5. venderás _____

6. vendan _____

7. vendieran _____

8. vendió _____

9. vendimos _____

10. vender _____

11. vendí _____

12. venderemos _____

Actividad C13.8 Describe las siguientes formas del verbo *vivir* según su persona, su número y su tiempo verbal. Puedes referirte a la tabla de *vivir* del texto.

Modelo: viviste: *segunda persona familiar singular del pretérito*

1. viví _____

2. viva _____

3. vivo _____

4. vivías _____

5. vivirá _____

6. viviría _____

7. vives _____

8. vivas _____

9. viviremos _____

10. vivió _____

11. vivieron _____

12. viven _____

13. vivirán _____

14. viviéramos _____

15. vivamos _____

Actividad C13.9 Describe cada una de las siguientes formas verbales según su persona, su número y su tiempo. Luego escribe una oración original con cada forma.

Modelo: perdieron: *tercera persona plural del pretérito*
Como perdieron las llaves, no pudieron abrir la puerta.

1. acabaste _____

_____

2. aconsejaron _____

_____

3. admitían _____

_____

4. agarro _____

_____

5. aprendan _____

_____

6. caminaré _____

_____

7. comiera _____

_____

8. comprendíamos _____

_____

9. despertarán _____

_____

10. dividieron _____

_____

11. eches _____

_____

12. llovió _____

_____

Actividad C13.10 Escribe la forma normativa correspondiente a *nosotros* (la primera persona plural del presente de indicativo) de cada uno de los siguientes verbos.

Modelo: entender: *entendemos*

1. advertir _____
2. batir _____
3. combatir _____
4. compartir _____

5. conducir _____
6. cubrir _____
7. cumplir _____
8. decidir _____

Actividad C13.11 La comprensión. Escribe tu respuesta a cada una de estas preguntas sobre el contenido del relato.

1. ¿Quién es la persona que más habla y quién hace las preguntas?

_____

2. ¿Qué es Nounouche? ¿Cuándo empezamos a sospechar lo que es? ¿Cuándo por fin lo sabemos a ciencia cierta?

_____

3. ¿Qué tipo de instituto es el Institut de la Rue du Dour? ¿Dónde está localizado? ¿Qué tiene de especial ese instituto?

_____

_____

4. ¿Cuál es el estado civil de la persona que más habla, cuántos hijos tiene y cómo se llama? ¿Quién es Jacques?

_____

5. ¿De qué nacionalidad es la narradora?

_____

6. ¿Qué tenía de atractivo Puerto Rico para la narradora antes de llegar a la isla?

_____

7. ¿Por qué decidieron la narradora y su familia quedarse en Puerto Rico y no regresar a Montevideo?

_____

8. ¿Cuándo abandonaron Montevideo, adónde fueron y por qué?

_____

9. ¿Cuál es la carrera de Jacques?

_____

10. ¿Por qué al principio le gustó tanto Puerto Rico a la familia de la narradora?

_____

11. ¿Cómo reacciona la narradora a la pregunta: «¿Cuándo comenzó Nounouche a vivir con ustedes?»?

_____

12. ¿Qué hacía la familia en París a finales de los años sesenta?

_____

13. ¿Qué hacían las tres «tipas» en el parquecito del condominio, de qué hablaban siempre y por qué no permitía la narradora que Ginette se mezclara con ellas?

_____

14. A estas alturas, la narradora sabe que no se debiera haber «rebajado» a hablar con las tres mujeres. Entonces, ¿por qué lo hizo? ¿Qué la motivó a hablar con ellas?

_____

_____

15. ¿Cómo reacciona la narradora al francés que hablaban las tres mujeres y a la gente con la que lo practicaban?

_____

16. ¿Por qué no saludó la narradora a las tres mujeres cuando las vio de nuevo?

_____

17. ¿Qué le pasó al final a Nounouche? ¿Cuándo y cómo encontraron otra vez la narradora y Jacques a Nounouche?

_____

_____

18. ¿Por que se niega la narradora a repetirle al detective el mensaje que tenía el cartelito que llevaba Nounouche?

_____

19. ¿De dónde le viene a la narradora la idea de que la honra de su hija corre peligro, y por qué le habla al detective del asunto?

_____

20. ¿Qué ideas de Puerto Rico acaba por expresar la narradora al final del cuento?

_____

Actividad C13.12 Escribe tu respuesta a cada una de estas preguntas de interpretación filosófica.

1. Al fin y al cabo, ¿es racista la narradora o no? ¿Cómo se sabe? Apoya tu propia opinión citando las líneas del texto que lo confirmen.

_____

_____

2. ¿Qué más puede decirse de las actitudes de la narradora? Por ejemplo, ¿por qué es tan amante de la cultura francesa?

_____

_____

3. ¿Tenían razón las tres «tipas» y sus amigos haitianos en secuestrar al perro? ¿Lo hicieron de puro coraje o para tratar de convencer a la narradora de que no pensara mal de la gente de color? ¿Qué otra táctica podrían haber usado para lograr eso? ¿O no había forma de hacer que la narradora cambiara de opinión?

_____

_____

4. ¿Qué nos quiere dar a entender Carmen Lugo Filippi con la última oración del cuento («Responder sí o no, responder sí o no, ¿cree usted que es tan fácil?»)? Explica.

_____

5. ¿Por qué es de tanta importancia para los propósitos de la autora que la narradora siempre hable por los codos?

_____

6. ¿Cómo va a terminar esta historia inconclusa? Inventa un final.

_____

_____

Actividad C13.13 Une la columna de la izquierda con la de la derecha.

1. vergonzoso	a. horror
2. matrícula	b. clase, conferencia
3. el caso	c. sentimientos de grandeza
4. un puesto	d. penoso
5. caluroso	e. a otra persona con esa historia
6. cuando les viene en gana	f. sofocado
7. soberbias	g. el hecho
8. cátedra	h. el empleo, la posición
9. espanto	i. cuando ellos quieren
10. a otro perro con ese hueso	j. la inscripción escolar

Actividad C13.14 Une la columna de la izquierda con la de la derecha.

1. se encariñó	a. pelado, grosero
2. condominio	b. salirse de sus casillas
3. mezclarse	c. no ponemos atención
4. calumniadoras	d. tenía afecto
5. fluidez	e. premonición, intuición
6. temporada	f. con soltura
7. corazonada	g. piso, departamento lujosos
8. vulgar	h. involucrarse, untarse
9. sacar de quicio	i. mentirosas
10. ignoramos	j. época, tiempo

Actividad C13.15 Une la columna de la izquierda con la de la derecha.

1. obsceno	a. personas comunes y corrientes
2. acudieron	b. participar
3. chusma	c. suciedad
4. colaborar	d. vulgar
5. cochinada	e. asistieron

Capítulo 14

La muerte no llega en la víspera

Actividad C14.1 Contesta lo siguiente.

1. ¿Conoces en inglés un dicho que se le parezca al de «La muerte no llega en la víspera»?

   _____

2. ¿Qué significa para ti este dicho? ¿Cómo se pudiera aplicar en tu vida?

   _____

Actividad C14.2 En el espacio en blanco a la izquierda, marca con una **X** los verbos que producen diptongo al conjugarse. Luego conjúgalos en el presente de indicativo en el espacio en blanco a la derecha.

Modelo: <u>X</u> contar: <u>cuento, cuentas, cuenta, contamos, cuentan</u>

1. _____ aceptar: _____

2. _____ acertar: _____

3. _____ aconsejar: _____

4. _____ advertir: _____

5. _____ atravesar: _____

6. _____ beber: _____

7. _____ cegar: _____

8. _____ cenar: _____

9. _____ cerrar: _____

10. _____ comenzar: _____

11. _____ confesar: _____

12. _____ consentir: _____

13. _____ considerar: _____

14. _____ defender: _____

15. _____ entender: _____

16. _____ esperar: _____

17. _____ sentar: _____

18. _____ tropezar: _____

Actividad C14.3 Escribe las dos primeras personas (singular y plural) de los siguientes verbos en el presente de indicativo. (En estos verbos se realiza el cambio **e → ie** en la vocal radical tónica.)

Modelo: recomendar **yo** <u>recomiendo</u> **nosotros** <u>recomendamos</u>

	YO	NOSOTROS
1. entender	_____	_____
2. preferir	_____	_____
3. cerrar	_____	_____
4. comenzar	_____	_____
5. sentar	_____	_____
6. perder	_____	_____
7. querer	_____	_____
8. tropezar	_____	_____

Actividad C14.4 Escribe las dos primeras personas (singular y plural) de los siguientes verbos en el presente de indicativo. (En estos verbos se realiza el cambio **o → ue** en la vocal radical tónica.)

	YO	NOSOTROS
1. demostrar	_____	_____
2. encontrar	_____	_____
3. probar	_____	_____
4. recordar	_____	_____
5. rogar	_____	_____
6. soltar	_____	_____
7. volar	_____	_____
8. poder	_____	_____

Actividad C14.5 En el espacio en blanco a la izquierda, marca con una **X** los verbos que producen diptongos al conjugarse en el presente de indicativo. Luego conjúgalos en el presente de indicativo en el espacio en blanco a la derecha.

Modelo: <u>X</u> cerrar: <u>cierro, cierras, cierra, cerramos, cierran</u>

1. _____ abandonar: _____

2. _____ abordar: _____

3. _____ acostar: _____

4. _____ ahogar: _____

5. _____ almorzar: _____

6. _____ aprobar: _____

7. _____ arrojar: _____

8. _____ asomar: _____

9. _____ avergonzar: _____

10. _____ borrar: _____

11. _____ cobrar: _____

12. _____ colgar: _____

13. _____ comer: _____

14. _____ comprobar: _____

15. _____ conocer: _____

16. _____ contar: _____

17. _____ costar: _____

18. _____ demostrar: _____

19. _____ desarrollar: _____

20. _____ encontrar: _____

Actividad C14.6 Marca con una **X** los verbos en los que la **e** de la última sílaba de la raíz cambia a **i** o a **ie**. Luego conjúgalos en el presente de indicativo en el espacio en blanco a la derecha.

Modelo: <u>X</u> conseguir

1. _____ advertir _____

2. _____ convenir _____

3. _____ convertir _____

4. _____ corregir _____

5. _____ decir _____

6. _____ despedir _____

7. _____ divertir _____

8. _____ venir _____

9. _____ elegir _____

10. _____ impedir _____

11. _____ invertir _____

12. _____ medir _____

13. _____ mentir _____

14. _____ pedir _____

15. _____ preferir _____

16. _____ vestir _____

17. _____ reír _____

18. _____ seguir _____

19. _____ servir _____

20. _____ sugerir _____

Actividad C14.7 Llena el espacio en blanco con una forma verbal del presente de indicativo del verbo en paréntesis. (Lo más probable es que la palabra provenga de las formas verbales que se acaban de estudiar.)

Modelo: Yo me (caer) <u>caigo</u> de la silla si no me apoyas.

1. ¿Rubén Ramos? ¿Quién es? No lo (conocer) _____.

2. ¿Quieres hablar más recio? No te (oír) _____.

3. Yo siempre (conducir) _____ muy rápido en las autopistas y la policía me ha pasado muchas multas.

4. ¡Pobre de mí! Yo (hacer) _____ todo lo que (poder) _____ por mi familia y nunca me dan las gracias.

5. Muchísimas gracias, doña Carmen; se lo (agradecer) _____ mucho.

6. «¡Chencha! ¡Tráeme las chanclas!» «Ahorita te las (traer) _____, mi amor».

7. «Pepito, ¿cuánto son cuatro y cinco?» «Yo no (saber) _____, maestra».

8. Hace un par de siglos que no te veo. Muy pronto te (caer) _____ de visita.

9. En los últimos diez meses he aumentado como 80 libras y ya no (caber) _____ en esta silla.

10. «No quiero casarme contigo. No me gustas como marido, y yo no (estar) _____ embarazada ni nada, así que no (haber) _____ necesidad».

11. «Pero yo (ser) _____ el mejor hombre del mundo.»

12. «Estás muy equivocado, idiota. Tú no vales nada. Yo misma (valer) _____ mucho más que tú».

13. Nunca me convences a mí, pero yo siempre te (convencer) _____ a ti.

14. En este momento, yo (seguir) _____ las huellas de un peligrosísimo criminal.

15. ¿Sabes qué? Yo te (escoger) _____ a ti si tú me escoges a mí.

Actividad C14.8 Conjuga en el imperfecto de indicativo cada uno de los siguientes verbos en el espacio en blanco. Luego marca si la conjugación es regular con una **R** o irregular con una **I**.

	YO	TÚ	ELLA	NOSOTROS	ELLOS	R O I
1. caminar	_____	_____	_____	_____	_____	_____
2. mandar	_____	_____	_____	_____	_____	_____
3. ver	_____	_____	_____	_____	_____	_____
4. percibir	_____	_____	_____	_____	_____	_____
5. aproximar	_____	_____	_____	_____	_____	_____
6. ir	_____	_____	_____	_____	_____	_____
7. entender	_____	_____	_____	_____	_____	_____
8. ser	_____	_____	_____	_____	_____	_____

Actividad C14.9 Escribe en la línea de la derecha las formas del imperfecto de indicativo que aparecen en cada oración en el siguiente relato. (Hay veintitrés en total.)

El recién salido

1. Como te decía, apenas hace unas cuantas horas que yo hablaba con Julián, a quien conocía cuando éramos compañeros de escuela. _____ _____ _____ _____

2. Eso fue cuando yo aún vivía en California. _____

3. Julián me contaba que acababa de salir del hospital. _____ _____

4. Entonces le pregunté qué tenía. _____

5. Me contestó que se trataba de una enfermedad mental. _____

6. Él ya no trabajaba y cuando estaba en el hospital ni siquiera recibía un salario, así que en aquel momento andaba en la miseria y hasta no compraba comida porque le faltaban recursos. _____ _____ _____ _____ _____

7. Por tal motivo, me pidió algo de dinero para que al menos pudiera comer.

8. En ese momento, sentí muchísima compasión por ese viejo amigo mío y como no tenía nada en mi bolsillo, lo invité a casa para que comiéramos y platicáramos más. _____

9. Mientras comíamos, él me relataba historia tras historia de los seis meses que pasó en el manicomio. _____ _____

10. Y yo, sin parpadear, fijaba la vista en él y lo escuchaba con tristeza porque veía que este hombre en su desgracia sí era un gran caballero que hacía valerosos esfuerzos para volver a vivir una vida normal. _____ _____ _____
_____ _____

Actividad C14.10 La comprensión. Escribe tu respuesta a cada una de estas preguntas sobre el contenido del relato.

1. ¿Cuántos años tenía Jesusita cuando enviudó?

_____

2. ¿Cómo se llamaba el esposo de Jesusita y cómo se murió?

_____

3. ¿Qué es lo que más le amargó la existencia a Jesusita después de la muerte de su esposo?

_____

4. ¿Qué mentirita empleaba Jesusita para calmarle los nervios a doña Dolores cuando preguntaba por Adalberto?

_____

5. ¿Por qué tuvo que contratar Jesusita a una enfermera para vigilar a doña Dolores de ocho a cinco?

_____

6. ¿Por qué les costaba tanto trabajo a Cecilia, Judith y Hermenegilda «ayudar tantito con Abuela»?

_____

7. ¿Qué se vio obligada a hacer por fin Jesusita con su suegra?

_____

8. ¿Cómo se llevaba doña Dolores con las enfermeras del asilo?

_____

9. ¿Cómo era la Muerte físicamente? ¿Era lo que Jesusita esperaba ver?

_____

10. ¿Cuál era la cuenta que Jesusita tenía que «ajustar» con la huesuda?

_____

11. Inmediatamente después de conocerla, ¿qué le propone Jesusita a la Muerte y cómo reacciona ésta a su propuesta?

_____

12. ¿Cómo se salva la vida Jesusita?

_____

13. ¿Por qué Jesusita siguió dándole de comer a La Muerte?

_____

14. ¿Qué le dice La Muerte a Jesusita después de acabar de comerse todo lo que había de pastel y de helado de vainilla?

_____

15. ¿Cómo reaccionó Jesusita a lo que le dijo La Muerte en ese momento?

_____

16. ¿Cuál era el «favorcito» que Jesusita ya tenía el derecho de pedirle a Rogelio?

_____

Actividad C14.11 Escribe tu respuesta a cada una de estas preguntas de interpretación filosófica.

1. ¿Son buenos o malos los asilos para ancianos? ¿Es necesario que existan, o siempre deben quedarse en su propia casa o en la casa de algún hijo todos los ancianos que ya no pueden cuidarse a sí mismos?

_____

_____

2. Imagínate que tú eres doña Dolores a los 80 años. ¿Qué harías después de enterarte de que rápidamente te quedabas demente sin remedio y que ya se te había muerto el hijo consentido?

_____

_____

3. ¿Es justo que la gente se muera, o sería preferible que todos viviéramos eternamente? Exprésate al respecto.

_____

_____

4. Una alumna de este curso hizo el siguiente comentario el semestre pasado: «A mí se me hace que los verdaderos malos del cuento ‹El pastel de tres leches› son las tres hijas de Jesusita—Cecilia, Judith y Hermenegilda—porque no viven al lado de su mamá, en la misma calle del mismo barrio, y emplean eso como pretexto para no ayudar mucho con Abuela. Ellas y sus esposos son muy egoístas porque quieren vivir en una parte—el condado de DuPage—de más categoría, en vez de quedarse viviendo en el barrio Pilsen que es de la gente pobre». ¿Qué opinas tú de estos sentimientos? Exprésate al respecto.

_____

_____

Actividad C14.12 Relaciona las siguientes palabras con la definición de la derecha: *sinónimos* o de breves definiciones en español.

1. narrativa	_____	a. concienzudo, con sentido
2. tatarabuela	_____	b. muerto
3. racional	_____	c. de prisa, sin planeación
4. difunto	_____	d. por escrito
5. precipitado	_____	e. lugar para las personas mayores
6. olvidadizo	_____	f. cuarto para dormir
7. recámara	_____	g. jubilado
8. retirado	_____	h. la abuela de mi abuela
9. asilo para ancianos	_____	i. que nunca recuerda
10. ingerir	_____	j. contenedor
11. los albores de la historia	_____	k. la esposa de mi hijo
12. club campestre	_____	l. dar marcha más rápido
13. yerna	_____	m. paralizado
14. prolongar	_____	n. comer, meter adentro
15. inmovilizado	_____	o. en tiempos pasados
16. acelerar	_____	p. lugar de campo para descansar
17. una mordida	_____	q. hacer más largo
18. un envase	_____	r. agarrar con los dientes

Actividad C14.13 Relaciona las siguientes palabras con la definición de la derecha: *sinónimos* o de breves definiciones en español.

1. hasta las cachas	_____	a. ir de visita
2. ya de una vez	_____	b. sabrosísimo
3. en efecto	_____	c. un tipo de
4. a veces	_____	d. lo opuesto a lento

5. a duras penas   _____   e. formas innovadoras

6. al lado de   _____   f. enseguida de

7. nuevas maneras   _____   g. estar cansado, harto, lleno

8. lo rápido   _____   h. ahora

9. una especie de   _____   i. de hecho

10. para chuparse los dedos _____   j. difícilmente

11. localizar   _____   k. ubicar, identificar

12. caer de visita   _____   l. a menudo, en ocasiones

Actividad C14.14 Llena el espacio en blanco con cualquier palabra o frase original que aparece en la lista a continuación.

se empeoró	se vio obligada	de día	resolver	comprendió
deteriorar	dificultades	amargado	fallecer	olvidadiza
sin cesar	asegurándole	idolatrado		

1. Lo que de veras había _____ tanto la existencia de Jesusita durante estos últimos siete años eran las constantes _____ de su suegra doña Dolores.

2. Al _____ su hijo del infarto precipitado, ya tenía doña Dolores 80 años de edad y ya se le empezaba a _____ la salud.

3. Ya se hacía «muy _____» la pobre hacia la fecha de la muerte de Adalberto, y en efecto la pobrecita nunca _____ plenamente que su _____ hijo estaba muerto.

4. Al principio preguntaba por él _____, y con el tiempo Jesusita aprendió a _____ el problema _____ que a Adalberto lo habían detenido en Milwaukee por cuestiones de negocios.

5. Después de la muerte de Adalberto _____ la enfermedad de Alzheimer y Jesusita _____ contratar a una enfermera para _____ vigilar a doña Dolores.

Capítulo 15

El pez por su boca muere

Actividad C15.1 Contesta lo siguiente.

1. ¿Conoces en inglés un dicho que se le parezca al de «El pez por su boca muere»?

   _____

2. ¿Qué significa para ti este dicho? ¿Cómo se pudiera aplicar en tu vida?

   _____

Actividad C15.2 Si el verbo es irregular en el **pretérito** y el **imperfecto de subjuntivo**, pon una X en el espacio en blanco a la izquierda y luego conjúgalo en estos dos tiempos en las líneas que se encuentran a la derecha. (No tiene que conjugarse si es regular.)

Modelo: __X__ hacer: <u>hicieran, hiciste, hizo, hicimos, hicieron</u>
<u>hiciera, hicieras, hiciera, hiciéramos, hicieran</u>

1. _____ morir _____

   _____

2. _____ seguir _____

   _____

3. _____ preguntar _____

   _____

4. _____ sonreír _____

   _____

5. _____ introducir _____

   _____

6. _____ vender _____

   _____

7. _____ detener _____

   _____

8. _____ caber _____

   _____

9. _____ caer _____

   _____

10. _____ concluir _____

    _____

11. _____ producir _____

    _____

12. _____ manejar _____

    _____

13. _____ deshacer _____

    _____

14. _____ despedir _____

    _____

15. _____ proponer _____

    _____

16. _____ repetir _____

    _____

17. _____ ser _____

    _____

18. _____ abrir _____

    _____

Actividad C15.3 Escribe el verbo en paréntesis en pretérito o imperfecto del subjuntivo en las siguientes oraciones.

1. Tú no me (dar) _____ el dinero anoche.

2. Si él (andar) _____ con gente decente, no tendría esos problemas.

3. Nosotros no (caber) _____ en el coche y por eso rentamos una vagoneta.

4. Anoche (haber) _____ mucho ruido en el departamento.

5. Ella (preferir) _____ el pollo asado en lugar de la carne asada.

6. Si yo (comer) _____ más verdura, no estaría tan gordo.

7. Anoche yo (venir) _____ para revisar que no había nadie.

8. Los estudiantes no (saber) _____ las respuestas del último examen.

9. Aunque nosotros (leer) _____ más libros, no alcanzaríamos a leer todos los que están en la biblioteca.

10. Yo sé que la semana pasada tú te (poner) _____ agresivo con María.

11. Anoche nosotros (dormir) _____ muy mal.

12. El mesero nos (servir) _____ la cena con una hora de retraso.

13. Si tú te (caer) _____ a ese pozo, sería difícil de rescatarte.

14. Nuestros padres nos (pedir) _____ tener más disciplina.

15. Yo lo (querer) _____ preparar pero no me dejaron.

16. Si Juana (querer) _____ casarse con él, no le pondría tantos obstáculos.

17. El candidato no (satisfacer) _____ los requerimientos de la jefa.

18. Si tú te (vestir) _____ mejor, te respetarían más.

Actividad C15.4 Escribe la primera persona singular y después la segunda persona singular familiar del pretérito de los siguientes verbos.

Modelo: rogar   yo   <u>rogué</u>   tú   <u>rogaste</u>

	YO	TÚ
1. santiguar	_____	_____
2. empezar	_____	_____
3. chocar	_____	_____
4. gozar	_____	_____
5. verificar	_____	_____
6. forzar	_____	_____
7. jugar	_____	_____
8. sacar	_____	_____
9. rezar	_____	_____
10. pagar	_____	_____
11. juzgar	_____	_____

12. tragar _____   _____

13. tocar _____   _____

14. rechazar _____   _____

Actividad C15.5 En la línea de la derecha rescribe el verbo subrayado y ponle acento si es necesario. Algunos verbos no necesitan acento.

1. Yo me <u>case</u> con Manuel ayer. _____

2. Quiero que ella se <u>case</u> antes de que sea demasiado tarde. _____

3. Le voy a dar $15 para que me <u>compre</u> una botella de ron. _____

4. Ya la <u>compre</u> hace mucho tiempo. _____

5. ¿Qué le <u>contesto</u> si me pregunta algo? _____

6. Ella ya <u>contesto</u> la pregunta. _____

7. En las carreras yo siempre <u>gano</u>. _____

8. Nadie <u>gano</u> el premio. _____

9. Le <u>enseñe</u> lo que tenía que hacer. _____

10. Ojalá que me <u>enseñe</u> dónde tiene escondido el dinero. _____

11. Ayer <u>escuche</u> un disco muy emocionante. _____

12. ¡<u>Escuche</u> lo que le estoy diciendo! _____

13. <u>Hable</u> con él, pero no me prometió nada. _____

14. Señorita, es muy importante que Ud. <u>hable</u> con el detective. _____

15. No se va si no le <u>pago</u>. _____

16. A mí sólo me <u>pago</u> el jefe la mitad de lo que me debía. _____

17. Es preciso terminar antes de que ella <u>llegue</u>. _____

18. No se preocupe; ya lo <u>mate</u> yo. _____

19. No quiero que <u>tome</u> tanto. _____

20. En la fiesta de anoche, <u>tome</u> más de lo que debía tomar. _____

21. No me <u>quedo</u> yo si no te quedas tú. _____

22. Nadie <u>quedo</u> vivo en ese accidente. _____

23. Se <u>levanto</u> y dijo, «¡Ya basta!» _____

24. Los lunes, miércoles y viernes me <u>levanto</u> muy temprano. _____

25. Me <u>llamo</u> Jorge Jesús Jiménez Jaramillo y soy de Jalisco. _____

26. Cuando <u>entro</u> lo trataron de matar. _____

27. Cada vez que <u>entro</u> en su cuarto me pega. _____

Actividad C15.6 Con cada una de las siguientes formas, escribe una oración que contenga por lo menos seis palabras.

1. pagué _____

2. enseñe _____

3. llegue _____

4. mire _____

5. miré _____

6. casó _____

7. hablo _____

8. llamo _____

9. llamó _____

10. lloró _____

11. quedé _____

12. maté _____

13. mate _____

14. bailé _____

15. gané _____

16. gano _____

17. ganó _____

18. espero _____

19. esperó _____

20. compré _____

21. compre _____

22. tome _____

23. tomé _____

24. escuche _____

25. escuché _____

26. presento _____

27. presentó _____

Actividad C15.7 La comprensión. Escribe tu respuesta a cada una de estas preguntas sobre el contenido del relato titulado Rubén Contreras.

1. ¿Qué le motivó al narrador que hiciera el viaje a Phoenix?

_____

2. ¿Cómo reaccionó el narrador a lo que le contó su hermana Marta? ¿Por qué fue tan fuerte su reacción?

_____

3. ¿Cómo salió Rubén en la foto que Marta le enseñó al narrador?

_____

4. ¿Quién y cómo era El Diablo?

_____

5. ¿Por qué ya ni se levantaba el cuñado Juan para regañarle a su hijo cuando regresaba tarde a la casa?

_____

6. ¿Por qué no andaba armado el narrador y qué hizo para remediar esa situación?

_____

7. ¿Por qué quería Carlos «liquidar» a El Diablo?

_____

8. ¿Quién es Adriana y qué papel desempeña en el relato?

_____

9. ¿Qué sucedió después de que el narrador le envió «el primer aviso» a El Diablo?

_____

10. ¿En qué condiciones estaba El Diablo cuando lo encontraron? ¿Dónde y cómo encontraron a Rubén?

_____

11. ¿Qué le sucedió a Marta? ¿Al cuñado Juan? ¿A sus hijos?

_____

Actividad C15.8 Escribe tu respuesta a cada una de estas preguntas de interpretación filosófica.

1. ¿Quién o qué tiene la culpa de todo lo que le pasó a Rubén? ¿Por qué? Explica tu punto de vista.

_____

2. Analiza las relaciones familiares entre el narrador, su hermana, su cuñado y sus sobrinos. Usa tu imaginación. (Por ejemplo, ¿por qué Rubén había pasado casi toda su vida al lado de su tío en México hasta hace apenas dos años en vez de vivir con sus padres en Arizona?)

_____

3. Cuenta tú una historia semejante a la de «Rubén Contreras». ¡Hazte tú escritor!

_____

4. Compara este cuento («Rubén Contreras») con todos los demás cuentos que aparecen en el presente libro de texto. ¿Cuál de todos estos cuentos te gustó más?¿Por qué? Haz una **lista** de todos los cuentos del texto comenzando con el que más te gustó y terminando con el que menos te gustó. Después da tus razones. (Ejemplo de cómo proceder: «Me gustó más ‹Rubén Contreras› porque yo soy muy amigo de la acción y de las escenas violentas. Además, creo que ‹Rubén Contreras› nos enseña mucho sobre el mundo de las drogas y de los narcos y nos da una buena lección. En cambio, el cuento que menos me gustó fue… porque…»

_____

_____

Actividad C15.9 Explica el significado de las siguientes palabras o frases por medio de sinónimos o breves definiciones en español.

1. un encargo _____

2. ahijado _____

3. rostro _____

4. crié _____

5. a un costado de _____

6. inválidos _____

7. vociferó _____

8. encaminado _____

9. abandonar _____

10. inseparable _____

11. cómplice _____

12. arrebatado _____

13. amputado _____

14. lengua _____

Capítulo 16

El que mucho habla, poco dice

Actividad C16.1 Contesta lo siguiente.

1. ¿Conoces en inglés un dicho que se le parezca al de «El que mucho habla, poco dice»?

   _____

2. ¿Qué significa para ti este dicho? ¿Cómo se pudiera aplicar en tu vida?

   _____

   _____

Actividad C16.2 Indica si la cláusula subrayada es la matriz o la subordinada. Luego indica si la subordinada es nominativa, adjetival o adverbial.

Modelo: No queremos <u>que Fernando nos robe todos los postres.</u>
La cláusula subrayada es <u>la subordinada.</u>
Es <u>nominativa.</u>

1. Ramoncito quiere <u>que su papá le compre un helado.</u>

   La cláusula subrayada es _____

   Es _____

2. <u>Todos los vecinos de este barrio nos empeñamos en</u> que nos pavimenten con cemento las calles de aquí.

   La cláusula subrayada es _____

   Es _____

3. <u>Cuando regrese Águeda del trabajo,</u> vamos a darle una sorpresa.

   La cláusula subrayada es _____

   Es _____

4. Nuestra compañía quiere contratar a un gerente <u>que sepa hablar por lo menos diez lenguas</u>.

La cláusula subrayada es _____

Es _____

5. Isabel no va a volver a su patria <u>hasta que caiga la dictadura.</u>

La cláusula subrayada es _____

Es _____

6. <u>Antes de que te cases,</u> mira lo que haces.

La cláusula subrayada es _____

Es _____

7. Hazlo así <u>porque el matrimonio no es un nudo que así deshaces.</u>

La cláusula subrayada es _____

Es _____

8. Julián prefirió <u>que Gloria dejara de salir con ese mocoso.</u>

La cláusula subrayada es _____

Es _____

9. Necesito un libro de español <u>que me explique toda la gramática en sólo cinco páginas.</u>

La cláusula subrayada es _____

Es _____

10. <u>Estudiamos de tres a nueve</u> sin que nos entrara nada.

La cláusula subrayada es _____

Es _____

Actividad C16.3 Luego escribe la forma correcta del indicativo o subjuntivo.

Modelo: *Prefiero que me (traer) <u>traigan</u> un dulce de leche.*

1. Quiero que mi hermana me (pagar) _____ lo que me debe.

2. Te digo que mi hermana siempre me (pagar) _____ lo que me debe.

3. Siempre hago que mis hijos (comer) _____ bien para que no se me (enfermar) _____.

4. Ya son las siete. Insisto en que te (lavar) _____ las manos y que te (sentar) _____ a la mesa para cenar.

5. Siempre le ruego a Dios que mi abuela (vivir) _____ cien años porque la quiero tanto.

6. Tengo una computadora que (obedecer) _____ todas las órdenes que yo le (dar) _____.

7. Cuando tú (entrar) _____ les dirás que te (preparar) _____ la comida inmediatamente.

8. La van a comprar con tal de que el precio no (subir) _____ demasiado alto.

9. Tienes que regresar a casa antes de que se (poner) _____ el sol.

10. Tú no lo (creer) _____, pero Jorge Julio es la persona más simpática del mundo.

11. Es posible que (llover) _____ de aquí en dos horas.

12. Como (llover) _____, ya no podemos comer al aire libre.

Actividad C16.4 En las siguientes oraciones se han subrayado todas las formas verbales del tiempo presente. Al lado de cada forma verbal, indica si pertenece al presente indicativo escribe PI o si pertenece al presente de subjuntivo escribe PS en el espacio en blanco.

1. Te pido (_____) que hables (_____) más despacio.

2. Mamá me prohíbe (_____) que mire (_____) la televisión.

3. Dijo la nudista: «Tengo (_____) miedo de que la gente me vea (_____)».

4. ¡Qué bueno que ella ya no ande (_____) con ese tipo!

5. ¡Qué lástima que a Javier no le guste (_____) la camisa que le di!

6. Ando (_____) buscando un trabajo que me interese (_____) más que el que tengo (_____) ahora.

7. Ojalá que nos prepare (_____) algo bueno de comer.

8. Las mujeres están (_____) luchando para que se las admita (_____) en todas partes.

9. ¡Qué feliz voy a ser cuando por fin Rogelio me escriba (_____) una carta!

10. La próxima vez que oigas (_____) de alguien que tiene (_____) mucho dinero, no digas (_____) que te gustaría tener su suerte.

11. Es (_____) posible que me sirva (_____) en mi carrera el español que estoy (_____) estudiando ahora.

12. Mis padres son (_____) estrictos con nosotros porque quieren (_____) que crezcamos (_____) con buenas costumbres.

13. Si uno vive (_____) solo, no tiene (_____) los mismos lujos que tenía en su casa, como alguien que le prepare (_____) la comida y que le lave la ropa.

14. Hoy en día, la mujer busca (_____) trabajos que le paguen (_____) igual que al hombre.

15. Pienso (_____) que mientras el hombre le dé (_____) a la mujer lo necesario para vivir, ella debe (_____) aceptarlo con los brazos abiertos.

16. Mientras no haya (_____) trabajo para todos, va (_____) a haber pobreza.

17. Ella no puede (_____) imaginar que un mundo con todas estas dificultades pueda (_____) durar mucho.

Actividad C16.5 Escribe a la derecha La(s) palabra(s) que van en subjuntivo en las siguientes oraciones. (El número de subjuntivos que contiene cada oración se indica al final de la misma.)

1. Quiero que termines la tarea pronto. (1) (_____)

2. El estómago me suplica que no le eche más comida. (1) (_____)

3. Voy a tener que trabajar mucho para que me paguen más. (1) (_____)

4. Estos individuos deben ser encarcelados para que dejen de dar batalla a la gente decente. (1) (_____)

5. Aunque la mujer se case, sigue trabajando para ayudar a la familia. (1) (_____)

6. Pero si me caso y mi marido me dice que no trabaje, ni lo voy a pensar dos veces. (1) (_____)

7. Es bueno saber que todavía hay mujeres a quienes les gusta que un hombre les abra la puerta y que les ofrezca la silla al sentarse. (2) (_____) (_____)

8. Sin embargo, algunas mujeres liberadas no permiten que les hagan tales cosas. (1) (_____)

9. Rosa María no quiere que le quiten el trabajo hasta que tenga la oportunidad de decirle cuatro verdades a su jefe, a quien detesta. (2) (_____) (_____)

10. Antes de que me ponga a decir quiénes son, quiero hacer votos para que Dios esté siempre con ellos, que siempre los cuide y que los haga crecer sanos. (4) (_____) (_____) (_____) (_____)

11. José Luis no cree que exista Dios ni que la religión tenga nada que ofrecerle al hombre. (2) (_____) (_____)

12. Lo más importante es que te vistas bien para que la gente no crea que seas limosnero. (3) (_____) (_____) (_____)

13. La legislación que establece la educación bilingüe, requiere que se ofrezcan programas especiales en cualquier escuela a la que asistan niños que no hablen inglés. (3) (_____) (_____) (_____)

14. ¡Te digo que cierres la puerta antes de que nos muramos todos de frío! (2) (_____) (_____)

15. Es necesario que sepas cómo son antes de que les des los cien mil dólares. (2) (_____) (_____)

16. Te he dicho que no me toques, que no me beses y que no comiences otra vez con tus ridículas historias porque ya me cansé de todo eso. (3) (_____) (_____) (_____)

17. Necesito un profesor que sepa enseñar bien, que prometa no llegar tarde nunca, que jamás falte, que cumpla con su palabra, que hable francés, español, inglés, aymará, zulú y polaco, y que tenga un carro nuevo. (6) (_____) (_____) (_____) (_____) (_____) (_____)

Actividad C16.6 Escribe una oración completa—cláusula matriz + cláusula subordinada—con cada una de las siguientes formas del presente de subjuntivo.

Modelo: tenga   Mi madre quiere que tenga éxito en mis estudios.

1. traiga _____

2. hablen _____

3. diga _____

4. ponga _____

5. entendamos _____

6. corras _____

7. diviertas _____

8. saquen _____

9. lleves _____

10. compres _____

11. pueda _____

12. conduzca _____

13. abandones _____

14. paguen _____

Actividad C16.7 Escribe la segunda persona singular informal (tú) del presente de subjuntivo de los siguientes verbos.

Modelo: ordeñar   ordeñes

1. caminar _____	14. hacer _____
2. trabajar _____	15. leer _____
3. explicar _____	16. caer _____
4. recordar _____	17. saber _____
5. estudiar _____	18. ser _____
6. rezar _____	19. traer _____
7. llegar _____	20. asistir _____
8. empezar _____	21. dormir _____
9. dar _____	22. pedir _____
10. beber _____	23. salir _____
11. conocer _____	24. ir _____
12. depender _____	25. conseguir _____
13. devolver _____	26. oír _____

Actividad C16.8 Completa las siguientes oraciones con cualquier cláusula que tenga sentido y que incluya una forma del presente de subjuntivo.

Modelo: Necesito que me <u>traigan el periódico ahorita mismo</u>.

1. Quiero que _____.

2. Necesitan que _____.

3. Preferimos que _____.

4. Es necesario que _____.

5. Buscamos un dentista que _____.

6. Pero no queremos un dentista que _____.

7. ¿Por qué me pides que _____?

8. Es importante que _____.

9. Debes hacerlo antes de que _____.

10. Lo haremos cuando _____.

11. Te lo digo para que _____.

12. Vamos a darle el trabajo a Verónica con tal de que _____.

13. Mañana nos vamos de aquí a menos que _____.

14. ¡Qué bueno que _____!

15. De veras me duele que _____.

16. Siento mucho que _____.

17. Es muy triste que _____.

18. Insisto en que _____.

Actividad C16.9 Llena los espacios en blanco con el verbo que aparece en paréntesis en el presente de subjuntivo.

1. Mañana vamos a salir para San Juan a menos que mi tía aún (estar)_____ enferma.

2. La visitamos todos los días para que no se (sentir)_____ tan sola.

3. Necesitamos una secretaria que (saber)_____ escribir a máquina 150 palabras por minuto.

4. Quiero que me encuentres un espía que nos (decir)_____ dónde está el tesoro escondido.

5. Se lo encontraremos a menos que nuestros enemigos lo (encontrar)_____ antes.

6. ¡Qué lástima que Segismundo (ser)_____ tan gordo!

7. Me da rabia que el mundo (seguir)_____ dando vueltas.

8. Es muy triste que la pobre señora no (tener)_____ más de 15 hijos.

9. Como el señor Álvarez sólo tiene 72 años y apenas lleva 53 años trabajando para esa compañía, es ridículo que se (jubilar)_____ en mayo.

10. Tengo miedo de que el lobo le (comer)_____ a Caperucita Roja.

11. Es muy bueno que te (dedicar)_____ tanto en tus estudios.

12. Me enoja mucho que mi marido no (ganar)_____ por lo menos $200,000 al año.

Actividad C16.10 Escribe en la línea al final de la oración el verbo que está en el imperfecto de subjuntivo en las siguientes oraciones.

1. Trabajas más que un burro, pero te ríes y cantas como si no trabajaras nada.

_____

2. El profesor nos dijo que escribiéramos sobre el tema «Si tuviera $50,000». _____

3. Tengo algunos familiares en Cuba a quienes quisiera escribir. _____

4. Saben muy poco pero te contestan como si lo supieran todo. _____

5. El dinero que me queda lo pondría en el banco y lo guardaría hasta que lo necesitara para otra ocasión. _____

6. A mi mamá no le quería exigir que me lo comprara, pero de todas formas lo compró. _____

7. También guardaría ese dinero para que con el tiempo lo pudiera usar para pasearme en Cancún, Cozumel, San Juan, La Jolla, Miami Beach, Honolulu y otros lugares elegantes. _____

8. Me quedé encima del toro; de ninguna manera iba a dejar que el toro me tumbara. _____

9. Mi papá les dio permiso con la condición de que alguien fuera con ellos. _____

10. Mi tía, como no sabía qué hacer, le pidió que nos llevara a la casa. _____

11. Si esto sucediera, el mundo sería un lugar ideal para vivir. _____

12. Esta vez estábamos preparadas en caso de que viniera el jardinero. _____

13. La escasez de agua hizo que muchas personas cambiaran su estilo de vida. _____

14. El primer día de escuela para mí fue una experiencia inolvidable porque la maestra quería a la fuerza que habláramos inglés. _____

15. Era imposible que yo no volviera a soñar con Gabriel. _____

16. Sólo servíamos comida corrida, pero a veces venían personas que pedían que les preparáramos una serie de comidas exóticas. _____

Actividad C16.11 Escribe la primera persona plural del imperfecto de subjuntivo de los siguientes verbos.

Modelo: meter   _metiéramos_

1. acabar   _____
2. trabajar   _____
3. echar   _____
4. cerrar   _____
5. andar   _____
6. evidenciar _____
7. aprender   _____
8. crecer   _____
9. saber   _____
10. poner   _____

Actividad C16.12 Siguiendo el modelo, cambia los verbos de las oraciones al pasado según el modelo.

Modelo: Quiero que comas menos.   _Quería que comieras menos._

1. Quiero que aprendas esta lección. _____
2. Es importante que terminemos la tarea. _____
3. Su profesor siempre explica la materia para que se pueda

   entender. _____
4. Esperamos que los Gutiérrez lleguen a tiempo. _____
5. Dudo que Marta venga a la fiesta. _____
6. No veo a nadie que me guste. _____
7. Aquí no hay nada que yo pueda hacer. _____
8. Goyo no va al baile a menos que alguien lo invite. _____
9. Esperanza y yo queremos que tú la conozcas. _____
10. Vamos a ir sin que nadie lo sepa. _____

Actividad C16.13 **La comprensión.** Escribe tu respuesta a cada una de estas preguntas sobre el contenido del cuento.

1. ¿A quién esperaba el hombre de las máquinas y dónde lo esperaba?

   _____

2. ¿Cómo era el hombre de las máquinas? Descríbelo físicamente.

   _____

3. ¿Qué es lo que tenía dentro de su amplio bolsillo?

_____

4. ¿Dónde había hallado el papel?

_____

5. ¿Quién había firmado el papel?

_____

6. ¿Por qué llega el hombre de las máquinas a la conclusión de que «el otro» es un cobarde?

_____

7. ¿A qué distancia estaban los dos hombres en el patio? ¿Cómo se sabe?

_____

8. ¿Qué es lo que le hizo «la mano de acero del hombre de las máquinas» al otro?

_____

9. ¿Cuál es el significado de lo siguiente: «El hombre de las máquinas… no tuvo la paciencia que se había propuesto»? ¿Qué es lo que hubiera querido hacer?

_____

10. ¿Por qué le paralizó «un raro miedo» cuando ya estaba cerca de la puerta del fondo?

_____

11. ¿A qué conclusión llega el hombre de las máquinas después de hacer «una suave presión sobre la puerta» y de presenciar el «característico balanceo» de la misma?

_____

12. ¿Qué le pasó «antes de llegar dos pasos»?

_____

13. Al principio, ¿con quién pensó que estuvo hablando la esposa?

_____

14. «Pero ya su rostro, con el balazo en el cuerpo, comenzaba a ser alegre, alegre…» ¿Por qué?

_____

15. ¿Qué decía el resto del papel?

_____

16. ¿Por qué se muere feliz el hombre de las máquinas?

_____

Actividad C16.14 Escribe tu respuesta a cada una de estas preguntas de interpretación filosófica.

1. Aparte de Cuba, donde tiene lugar esta historia, ¿qué otros países tienen ingenios y son productores de azúcar?

   _____

2. Al fin de cuentas, ¿qué te parece el hombre de las máquinas? ¿Un hombre honrado y sincero que defiende su hogar y sus derechos, o un pobre idiota que no tiene cabeza para pensar? Explícate.

   _____

3. En vez de hacer lo que hizo, ¿qué otra(s) cosa(s) pudiera haber hecho el hombre de las máquinas para resolver el asunto?

   _____

4. ¿Qué pudiera haber hecho la esposa del hombre de las máquinas en vez de prepararse con revólver y todo para matar al «otro»? ¿Cómo pudiera haber resuelto el asunto sin recurrir a las armas de fuego?

   _____

5. ¿Por qué no le pone nombre propio el autor ni a su personaje («el hombre de las máquinas») ni a la esposa de él? ¿Qué revela este detalle?

   _____

6. ¿Qué pasará después, una vez que se muera el hombre de las máquinas? ¿Vendrá la policía? ¿Vendrá el personal del ingenio? ¿Vendrán los parientes del «otro»? Inventa otro capítulo para el cuento.

   _____

Actividad C16.15 Une la columna de la izquierda con los sinónimos o las definiciones breves en español de la derecha.

1. patio _____   a. sintió
2. disfrazaba _____   b. persona sin dignidad, miedoso
3. bolsillo _____   c. chismes
4. casualmente _____ d. barda, muralla
5. de guardia _____   e. parte trasera de la casa
6. la cólera _____   f. vestimenta artificial
7. la cerca _____   g. lugar de la ropa para guardar
8. rumores _____   h. informalmente
9. un cobarde _____   i. el enojo
10. percibió _____   j. en espera, cuidando

11. el espanto _____
12. una patada _____
13. paralizar _____
14. característico _____
15. la rabia _____
16. el balazo _____
17. encendió la luz _____
18. arrodillada _____
19. avergonzado _____
20. el llanto _____

k. inmovilizar
l. lloriqueo
m. apenado
n. el enojo
o. el tiro
p. prendió la iluminación
q. un puntapié
r. que lo identifica
s. hincada
t. horror, miedo

Actividad C16.16 Escribe una oración con cada una de las siguientes palabras o frases.

1. se alzaba _____
2. a lo lejos _____
3. hacía apenas una hora _____
4. quien _____
5. en el fondo _____
6. antes de _____
7. pegado _____
8. con cuidado _____
9. en el acto _____
10. de pie _____
11. por un momento _____
12. tuvo miedo _____
13. a su lado _____
14. se quedó _____
15. se atreve _____
16. contraer _____
17. querer _____
18. recaer _____

19. admitir _____

20. venir _____

21. decir _____

22. dormir _____

23. pedir _____

24. conseguir _____

Capítulo 17

Antes que te cases, mira lo que haces

Actividad C17.1 Contesta lo siguiente.

1. ¿Conoces en inglés un dicho que se le parezca al de «Antes que te cases, mira lo que haces»?

_____

2. ¿Qué significa para ti este dicho? ¿Cómo se pudiera aplicar en tu vida?

_____

Actividad C17.2 Escribe la segunda persona singular y luego la primera persona plural del futuro y del condicional de los siguientes verbos.

Modelo: admitir

	FUTURO	CONDICIONAL
	admitirás	admitirías
	admitiremos	admitiríamos

	FUTURO	CONDICIONAL
1. andar	_____	_____
	_____	_____
2. comprender	_____	_____
	_____	_____
3. resistir	_____	_____
	_____	_____

4. poner   _____   _____

5. pulir   _____   _____

           _____   _____

6. decir   _____   _____

           _____   _____

Actividad C17.3 Reescribe los verbos subrayados en el presente al tiempo del futuro sintético.

Modelo: Juan <u>compra</u> la casa el jueves.
                <u>Juan comprará la casa el jueves.</u>

1. Mañana <u>manejan</u> a Chicago con su tía a buscar trabajo.

   _____

2. <u>Sale</u> a las ocho y después se <u>reúne</u> con su novia.

   _____

3. Jaime e Isela <u>toman</u> el avión para San Diego a las tres.

   _____

4. Nosotras <u>preparamos</u> 20 enchiladas todos los días para ese glotón.

   _____

5. Este jueves <u>empiezas</u> a estudiar para tus exámenes de medicina.

   _____

6. El matrimonio de Magdalena y Manuel <u>es</u> mañana al mediodía en Madrid.

   _____

7. ¿Qué <u>hago</u> contigo?

   _____

8. El gran Ramón <u>canta</u> y <u>toca</u> y <u>come</u> y luego se <u>duerme</u>.

   _____

9. Te lo <u>digo</u> una vez más y ya: ¡<u>tienes</u> que portarte bien o te <u>marchas</u> de aquí en el acto!

   _____

10. A lo mejor se <u>sienten</u> mal y después no se <u>acuerdan</u> de nada.

   _____

11. No <u>puede</u> con él.

_____

12. A ver cómo <u>es</u> tu horario: te <u>despiertas</u>, te <u>levantas</u>, te <u>bañas</u>, te <u>vistes</u>, <u>bajas</u> al comedor y <u>devoras</u> ocho panqueques con mantequilla y miel.

_____

Actividad C17.4 Con cada una de las siguientes palabras, escribe una oración que contenga por lo menos seis palabras.

1. comprenderé _____

2. fascinarán _____

3. sufrirás _____

4. bajará _____

5. aprenderemos _____

6. estaré _____

7. serán _____

8. abrirás _____

Actividad C17.5 En el espacio en blanco, escribe la forma correcta del tiempo condicional del verbo entre paréntesis.

1. Dijo que (hacer) _____ todo lo posible por él.

2. ¡Cómo dependemos de ti! ¿Adónde (ir) _____ si no nos orientaras?

3. Si no tuviera tanto trabajo, nos (acompañar) _____ a la playa.

4. Aquí en la Florida (estar) _____ más contentos si, año sí año no, no nos cayera encima un huracán.

5. Insistieron en que les (traer) _____ del mercado todo lo que habían ordenado.

6. Dijo que a lo mejor se (sentir) _____ mal y después no se

   (acordar) _____ de nada.

Actividad C17.6 Llena los espacios en blanco con la forma correcta del condicional o el imperfecto del subjuntivo de los verbos. Tienes que decidir cuál de los dos verbos va primero y cuál va segunda. Sigue el modelo.

Modelo: terminar/poder

Si tú <u>terminaras</u> a tiempo, <u>podrías</u> ir con nosotros.

1. vivir/gozar

   Tú _____ más de la vida si _____ conmigo.

2. llorar/ser

   Si él no _____ tanto, _____ más feliz.

3. ganar/buscar

   Yo _____ más dinero si _____ otro trabajo.

4. pisotear/bailar

   Yo _____ mejor si ella no me _____ los pies.

5. tener/ir

   Si nosotros _____ $10,000, _____ a Alaska a buscar oro.

6. aprender/sacar

   Si yo _____ todo lo que el profesor me enseña, _____ puras
   ‹A›es.

7. recibir/entregar

   Dijo que si _____ el dinero, se lo _____ entero a su novia.

8. ser/llevar

   ¿Dices que si no _____ por tu mamá, _____ bikini todo el
   tiempo?

9. escribir/hablar/tener

   Yo no _____ que tomar esta clase si ya _____

   y _____ un español perfecto.

10. cursar/recibir

    Pero si tú no _____ esta materia, no _____ la instrucción
    necesaria para llegar a hablar y escribir el español más perfecto del mundo.

Actividad C17.7 Llena el espacio en blanco con la forma correcta del presente perfecto de
indicativo del verbo entre paréntesis.

1. Todavía no (llegar) _____ mis tíos.

2. ¿Qué nos (hacer) _____ mamá para la cena?

3. En los últimos diez años (venir) _____ a Estados Unidos millones de
   inmigrantes latinos de todos los países hispanos.

4. Ellos (traer) _____ su lengua, sus costumbres y su cultura que en ningún

   momento (pensar) _____ abandonar.

5. Muchos inmigrantes aún no (aprender) _____ nada de inglés.

6. Algunos (tener) _____ éxito en la vida mientras que otros

   (quedar) _____ en la pobreza.

7. Mi tío (cruzar) _____ la frontera muchas veces y

   (regresar) _____ igual número de veces a México porque aún no se

   (decidir) _____ en dónde quiere vivir.

8. Nosotros (poner)_____ un anuncio en el periódico porque hace tiempo que
   no sabemos nada de él.

9. ¿Tú ya le (escribir) _____ a tu prima preguntándole si ella

   (recibir) _____ noticias de tu tío?

Actividad C17.8 Llena el espacio en blanco con la forma correcta del pluscuamperfecto de indicativo del verbo entre paréntesis.

Los cien años que siguieron al primer viaje de Cristóbal Colón seguramente fueron «El Siglo Español». Hacia fines del Siglo XVI, los españoles ya (descubrir) _____ —o mejor dicho simplemente (encontrar) _____ —todo un mundo nuevo. (conquistar) _____ la mitad de los dos continentes que Colón (visitar) _____. Los conquistadores de España (invadir) _____ dos de los imperios más poderosos de la tierra—el de los aztecas y el de los incas—y los (vencer) _____ en un período de tiempo relativamente corto. Los colonos españoles (poblar) _____ grandes regiones del Nuevo Mundo. Sus frailes y curas (convertir) _____ a cientos de miles de los habitantes del Nuevo Mundo al cristianismo. Entre soldados, gobernadores, frailes y simples pobladores el reino de los reyes de España se (extender) _____ hasta el fin del mundo. Claro, había un elemento negativo en todo esto: la conquista española (eliminar) _____ por completo la población indígena de muchas islas del Caribe y (someter) _____ a una especie de cautiverio a millones de indios. Pero desde la era del imperio romano, ningún país (hacer) _____ lo que hicieron los españoles en tan poco tiempo.

Actividad C17.9 Llena los espacios en blanco con la forma correcta del presente progresivo del verbo entre paréntesis.

Una vez más con Daniel el Travieso

1. Son las once de la mañana. La señora que cuida a Daniel el Travieso (hablar) _____ por teléfono con la mamá de él.

2. La mamá no puede creer que su lindo hijito (hacer) _____ tantas travesuras.

3. La señora (tratar) _____ de convencer a la mamá de que sí, es cierto lo que le (decir) _____.

4. «¡Ay, señora Meléndez! ¡Si lo que le (contar) _____ es la pura verdad!

5. En este momento, por ejemplo, Daniel (quebrar) _____ sus dos lámparas favoritas a la vez que (manchar) _____ el nuevo sofá con la tinta negra que le acaba de comprar.

6. Y hace varios minutos que (pintar) _____ en las paredes.

7. Y para las diez y media ya (comer) _____ esa sandía que Ud. guardaba para la comida de mañana.

8. Y además (dejar) _____ pepitas de sandía en todas partes.

9. Ya no sé qué hacer con su hijo, señora. ¡Se me (acabar) _____ la paciencia!»

Actividad C17.10 Escribe una oración completa de cualquier tiempo progresivo empleando el gerundio del verbo indicado.

Modelo: cantar *Diana está cantando y tiene una voz muy fea.*

1. aguantar _____

2. perder _____

3. traducir _____

4. traer _____

5. seguir _____

6. recordar _____

7. venir _____

8. decir _____

9. sentir _____

10. creer _____

Actividad C17.11 La comprensión. Escribe tu respuesta a cada una de estas preguntas sobre el contenido del cuento.

1. ¿Cuántos hijos tiene Laura, cómo se llaman, y cuántos años tiene cada uno aproximadamente?

   _____

2. ¿A cuál de las niñas peina Laura? ¿Por qué la peina con tanta insistencia y hasta con violencia?

   _____

3. ¿Cuándo y por qué comprendió Laura «que debía irse» de la casa?

   _____

4. ¿Qué encontró Laura tan pronto como salió de su propia colonia?

   _____

5. ¿Qué cosa le hizo pensar en Silvia y qué hizo Laura después de pensar en ella?

   _____

6. ¿De dónde se conocen Laura y Silvia?

   _____

7. ¿Qué consejos le da Silvia a Laura?

   _____

8. ¿A qué se parecía el baño que usaba Silvia? Descríbelo.

   _____

9. ¿Por qué sintió vergüenza Laura? ¿Qué hizo Silvia para quitársela?

   _____

10. ¿Qué piensa Laura una vez que sale de la casa de Silvia y atraviesa de nuevo su propio barrio?

_____

11. ¿Quién es Luis Morales? ¿Por qué piensa Laura tanto en él? Describe sus pensamientos.

_____

12. ¿Cómo es la espalda de su marido en comparación con la «de los hombres dentro de sus trajes bien cortados»?

_____

13. ¿Adónde viajaría Laura, qué haría mientras viajara, y qué esperaría al llegar a su destino?

_____

14. ¿Qué nos revela de Laura lo del monedero?

_____

15. ¿Qué es Sanborn's y por qué se metió Laura allí?

_____

16. ¿Cuántos güisquis (whiskies) tomó, por qué realmente los tomó, y quién le ofreció la última copa?

_____

17. ¿Qué hizo Laura cuando por fin salió de Sanborn's y dónde fue a dar?

_____

18. ¿Qué es lo que más «golpeó» a Laura al regresar a casa? ¿Fue la primera vez que le causaron esa impresión?

_____

19. ¿Cómo recibieron a Laura sus hijos?

_____

20. ¿Qué hizo Laura automáticamente una vez que estaba dentro de su casa?

_____

21. ¿Qué significa el título del cuento («La casita de sololoi»)?

_____

Actividad C17.12 Escribe tu respuesta a cada una de estas preguntas de interpretación filosófica.

1. ¿Cómo interpretas tú la última parte de la última oración de esta historia («... y sus dedos hechos puño, a punto de rechazarlos, engarrotados y temblorosos se abrirían uno a uno jalados por los invisibles hilos del titiritero... »)? ¿Cómo la entiendes? ¿Qué pretende decirnos?

   _____

   _____

2. ¿Por qué odia Beto a Laura? Danos tu propia explicación.

   _____

3. ¿De qué se burla profusamente la escritora en las escenas del cuento que tienen lugar en la casa de Silvia? ¿Por qué se burla? ¿Cómo te ha caído a ti esa burla?

   _____

4. ¿Cómo reaccionaría la señora Rosa—la abuela de principios del presente capítulo que es la abuela de Marisela Suárez—ante lo que hizo Laura en este cuento y ante lo que ha hecho Laura a través de su vida entera? Responde a esta pregunta como si tú mismo fueras la abuela Rosa. Escribe la respuesta en primera persona tomando el papel de ella.

   _____

   _____

5. ¿Cómo reaccionaría Rebeca González—la hermana mayor de Fernando González (fíjate en el «tema» del capítulo 13 [«Voy a casarme con un extranjero»])—ante lo que hizo Laura en este cuento y ante lo que ha hecho Laura a través de su vida entera? Otra vez, responde a esta pregunta como si tú mismo fueras Rebeca González escribiendo la respuesta en primera persona.

   _____

6. ¿Cómo has reaccionado **tú mismo** ante lo de Laura: su trasfondo, su educación, su matrimonio, su esposo, su familia, su casa, en fin, todo, incluyendo los incidentes del cuento?

   _____

Actividad C17.13 Escribe una oración con cada una de las siguientes palabras o frases.

1. infantil _____

2. se asomó _____

3. era de esperarse _____

4. uno tras otro _____

5. en el aire _____

6. vida de perros _____

7. te sienta _____

8. lamenté _____

9. un sin fin _____

10. se las arregló _____

11. destacar _____

12. se le había olvidado _____

13. fuertemente apretado _____

14. se le quitaría _____

15. a sí mismo _____

16. mandó prender _____

17. esparcidos _____

18. envejecen _____

19. de panza _____

20. aventarse _____

21. oler a _____

22. se desharía _____

Capítulo 18

Barriga llena, corazón contento

Actividad C18.1 Contesta lo siguiente.

1. ¿Conoces en inglés un dicho que se le parezca al de «Barriga llena, corazón contento»?

   _____

2. ¿Qué significa para ti este dicho? ¿Cómo se pudiera aplicar en tu vida?

   _____

Actividad C18.2 Cambia las siguientes oraciones de la voz activa a la voz pasiva.

Modelo: Mayra compró la casa.
   La casa fue comprada por Mayra.

1. El comité expulsó a los jóvenes del club.

   _____

2. El presidente firmó el tratado de paz.

   _____

3. Los comerciantes compran muchas casas.

   _____

4. El ejército bombardeará las tres ciudades.

   _____

5. El juez castigaría a los delincuentes.

_____

6. En esta foto María Elena les entregaba el premio a los triunfadores.

_____

Actividad C18.3 Cambia las siguientes oraciones de la voz pasiva a la voz activa.

   Modelo: La casa fue comprada por Mayra.
   <u>Mayra compró la casa.</u>

1. La carta fue firmada por la niña.

_____

2. Las alfombras serán vendidas por los dueños de la tienda.

_____

3. Todos los profesores serían despedidos por la presidenta de esta universidad.

_____

4. Este gato siempre es acariciado por la tatarabuela de Ruth.

_____

5. Los partidos de fútbol fueron vistos por miles y miles de personas.

_____

6. El sacerdote era querido por todos los feligreses de la parroquia.

_____

Actividad C18.4 Cambia a la voz media las siguientes oraciones. (Algunas están en voz activa y otras están en voz pasiva.)

   Modelo: La casa fue comprada por Mayra.
   <u>Se compró la casa.</u>

1. Mis padres venderán esta casa.

_____

2. El ratón fue cazado por un gato.

_____

3. Mi mamá me mima.

_____

4. Los maestros quieren a sus alumnos.

_____

5. José Luis fue recibido con mucha cortesía en el palacio del rey.

_____

6. Los trabajadores construyeron un palacio para la reina.

_____

Actividad C18.5 Marca con una X en la línea de la derecha todas las palabras que sean formas conjugadas del verbo **ir**. (Hay diecisiete en total.)

1. iba	_____		21. va	_____
2. imán	_____		22. irás	_____
3. valle	_____		23. irán	_____
4. vatio	_____		24. Irán	_____
5. vayas	_____		25. vara	_____
6. fuero	_____		26. vampiro	_____
7. fuente	_____		27. vale	_____
8. fueras	_____		28. vamos	_____
9. fue	_____		29. vemos	_____
10. voy	_____		30. vimos	_____
11. fuiste	_____		31. vado	_____
12. fuego	_____		32. vago	_____
13. fluir	_____		33. yendo	_____
14. iría	_____		34. yergue	_____
15. ira	_____		35. vela	_____
16. irá	_____		36. vayan	_____
17. van	_____		37. ir	_____
18. ven	_____		38. fueron	_____
19. viene	_____		39. futuro	_____
20. Benjamín	_____		40. vayamos	_____

Actividad C18.6 Escribe diez oraciones con las siguientes palabras o frases.

Modelo: iba/venir
Pánfilo iba a venir, pero a última hora no vino.

1. va/escribir _____

2. iba/contar _____

3. iría/estudiar _____

4. vas/hacer _____

5. vamos/hablar _____

6. va/continuar _____

7. voy/agarrar _____

8. iban/anunciar _____

9. ibas/practicar _____

10. íbamos/pasar _____

Actividad C18.7 Marca con una **X** todas las oraciones que contengan errores, pon un círculo alrededor de la forma errónea y luego escribe en la línea la forma correcta.

1. Decía que iba hablar conmigo pero nunca me habló.

   _____

2. Voy a llamarle para ver si me va pagar o no.

   _____

3. Dice que me vaya al parque para tomar un poco de aire.

   _____

4. Será mejor que me vaya muy lejos de aquí para no regresar jamás.

   _____

5. Dicen que van a ir nadar mañana a las siete.

   _____

6. Si no se corrigen, van a perder su trabajo.

   _____

7. Algún día iba devolverme el dinero que me debía, pero no lo ha hecho todavía.

   _____

8. El pobre ancianito me dejó un recado lleno de errores ortográficos preguntándome: «¿Quién bablar en la xunta de heste biernes? Si abla Gonzales, mejor me quedo en caza».

   _____

9. El que hablará no es González sino Ramírez, el queibacerse cura.

_____

10. A ver, ¿cómo dices que vas a llamar al bebito? ¡¿Normo?!

_____

Actividad C18.8 Escribe una oración completa usando todas las palabras sugeridas. Haz los cambios necesarios siguiendo el modelo.

Modelo: él/gustar/mucho/salsa
<u>A él le gusta mucho la salsa.</u>

1. ella/importar/poco/lo que digan

_____

2. mí/preocupar/modo de vivir

_____

3. nosotros/convenir/bajar de peso

_____

4. especialmente/convenir/ti

_____

5. mi mamá/gustar/criticar a mis amigos

_____

6. ahora/tocar/Ud./perder toda su fortuna

_____

7. siempre/parecer bien/ellos/lo que andan haciendo sus chicos

_____

8. todavía/faltar/Ricardo/escribir una novela sobre lo que sabe

_____

9. Angélica/gustar/todos

_____

10. ¿Ti/gustar/su manera de enseñar?

_____

Actividad C18.9 Escribe una oración completa con cada una de las siguientes palabras.

1. conviene _____

2. importa _____

3. interesan _____

4. faltan _____

5. gustaba _____

6. pareció _____

7. toca _____

8. preocupó _____

9. gustaron _____

10. importarán _____

Actividad C18.10 Escribe **ha** o **a** según corresponda.

1. Y ella todavía no le _____ dicho nada _____ él.

2. Tienen pensado regalarle el carro _____ Mirta.

3. Raúl _____ prometido llegar _____ las tres de la tarde.

4. ¿ _____ quién se parece más: _____ Yolanda o _____ Guadalupe?

5. Silvia y Adriana habían ido _____ la joyería _____ comprar diamantes.

6. Van _____ castigar _____ ese tipo porque _____ cometido un crimen.

7. _____ ver si cumple con lo prometido.

8. ¡Mucho cuidado! Él ya _____ matado _____ tres esposas.

9. Dicen que esta noche _____ de caer mucha nieve.

10. ¿ _____ qué _____ venido Ud.? ¿ _____ matarnos _____ todos _____ pistolazos?

Actividad C18.11 Subraya todos los pronombres objeto—objetos de preposición, objetos directos, objetos indirectos, objetos reflexivos—y luego identifícalos. Sigue el siguiente modelo.

Modelo: No <u>me</u> dejaron entrar.
«Me» es objeto directo.

1. Sobrinos, los quiero ver aquí mañana a las siete en punto.

_____

2. La maestra nos dio una buena lección a todos.

_____

3. Lo que le hicieron al pobre caballo no tiene perdón.

_____

4. ¿Por qué te empeñas en tratarlo como si fuera una máquina?

_____

5. Las máquinas se cuidan solas con echarles unas gotitas de aceite.

_____

6. Los que tenemos la gran fortuna de poseerlas somos muy dichosos.

_____

7. En este momento está vistiéndose para salir.

_____

8. No me vieron ni me reconocieron.

_____

9. No me dieron nada. No me dijeron nada tampoco.

_____

10. Es a Ud. a quien amo, no a él.

_____

11. Ahorita se lo traigo, señora.

_____

12. ¿Este dinero es para nosotros o es para ellos?

_____

Actividad C18.12 Las siguientes oraciones contienen veintitrés errores de ortografía, de unión de palabras, de acentuación o de otra cosa. Corrígelos todos, escribiendo la forma correcta debajo de la forma incorrecta.

1. Quiero ver te mañana en casa de Juanita.

_____

2. Si no te compones, voy a tener que llamar a La Paca.

_____

3. Después de componer se levantó y se fue a trabajar.

_____

4. Ahí estaba, dandole duro a la bebida, cuando alguien entró.

   _____

5. Al entrar se sentó y dijo: «Ve te de aquí, flojo. ¡Fuera!»

   _____

6. «Largate de aquí ahorita mismo».

   _____

7. «Esta bolsa no me gusta, pero si quieres que te la compre, voy a comprartela en el acto».

   _____

8. Al zacar zu carteda ce acordo de ke totho su dinedo lo avilla dehatho en kaza.

   _____

Actividad C18.13 Escribe una oración completa con cada una de las siguientes palabras o frases.

1. me _____

2. se _____

3. lo _____

4. le _____

5. te _____

6. nos _____

7. ti _____

8. mí _____

9. conmigo _____

10. les _____

11. a nosotros _____

12. sin Ud. _____

Actividad C18.14 Traduce las siguientes oraciones al español.

1. Who bought the house? Did you buy it?

   _____

2. Who bought the books? Did you buy them?

   _____

3. Who saw the trains? Did he see them?

_____

4. Who killed the cows? Did they kill them?

_____

5. Who asked the questions? Did you ask them?

_____

6. Who brought the bread? Did Joe bring it?

_____

7. Who found the letter? Did you find it?

_____

8. Who discovered America? Did Columbus discover it?

_____

Actividad C18.15 Escribe <u>mi</u> o <u>me</u> según corresponda.

1. Como siempre dice _____ papá: «Más vale el diablo conocido que el santo por conocer».
2. Fíjate que hasta _____ querían meter en la cárcel.
3. _____ mamá es descendiente de una familia española noble.
4. En cambio _____ padre es de pura sangre indígena.
5. A mí no _____ dan gato por liebre nunca.
6. ¿Cuándo _____ llamaste: a las ocho o a las nueve?
7. Primero _____ mandaron a Tierra del Fuego y después _____ quisieron mandar al Polo Norte, pero les dije: «¡Basta ya!»
8. Yo siempre _____ levanto a las siete y media, _____ visto y luego agarro _____ bolsa y salgo volando a _____ trabajo.

Actividad C18.16 La comprensión. Escribe en el espacio en blanco tu respuesta a cada una de estas preguntas.

1. ¿De qué se acusaban los papás de Pancho?

_____

2. ¿Por qué se sentía orgulloso Pancho durante las disputas nocturnas de sus padres?

_____

3. ¿Cómo reaccionaban sus padres cuando se empeñaba en hablarles?

_____

4. ¿Quién era Miss Ann y qué hacía?

_____

5. ¿A Pancho lo cuidaban bien? Proporciona detalles.

_____

6. ¿Quiénes eran Quique y Elena y quién les dijo qué con respecto a quién?

_____

7. ¿Cómo era la forma de argumentar y discutir de la mamá de Pancho?

_____

8. ¿Por qué sí estaba y, a la vez, no estaba «sola como un perro» la mamá después de marcharse de casa su esposo?

_____

9. ¿Cómo reaccionó Pancho al oír decir a su mamá que él ya «tenía su vida»? ¿En qué consistía esa vida? ¿Qué hacía?

_____

10. ¿En qué consistía la vida de la mamá de Pancho después de separarse de su esposo?

_____

11. ¿Por qué en algunas ocasiones le encargaba la mamá a Rosa que le vigilara el peinado, las manos y las uñas a Pancho?

_____

12. ¿Por qué se alegraba José Luis (el papá) cuando pedía Pancho el plato más caro del menú en un restaurante lujoso?

_____

13. ¿Qué le dijo Pancho a José Luis para que a éste se le ocurriera darle un «bife»?

_____

14. ¿Quién era Angélica?

_____

15. ¿Qué le prometía José Luis en las tarjetas que le mandaba a Pancho?

_____

16. Una noche su mamá le anuncia a Pancho que se va a casar otra vez. ¿Qué le dice Pancho que revela su agudo sentido de humor?

_____

17. ¿Qué cambios le hizo Hernán al cuarto de Pancho y por qué los hizo verdaderamente (aparte de las explicaciones que él mismo da)?

_____

18. ¿Por qué a Pancho se le llenaron los ojos de lágrimas de emoción?

_____

19. ¿Cómo se sentía de verdad Hernán cuando su esposa reclamaba un vestido nuevo?

_____

20. ¿Qué es un _play boy_ y por qué dice Hernán que eso es lo que Pancho «tiene que ser»?

_____

Actividad C18.17 Escribe tu respuesta a cada una de estas preguntas de interpretación filosófica.

1. En este relato, ¿quién realmente es el adulto y quiénes son los niños? Explica, dando detalles y citando incidentes.

_____

2. ¿Cuál es la moraleja de «El divorcio»? Explica tu punto de vista.

_____

3. Los papás de Pancho lo maltratan emocionalmente o no le hacen ningún caso por mucho tiempo hasta que por fin se casa cada uno por su lado. Sin embargo, Pancho acaba queriéndolos a los dos igual (o más) que antes y se siente más feliz que nunca. ¿Por qué?

_____

4. ¿Por qué tienen éxito Angélica y Hernán cuando procuran ganarse el afecto de Pancho?

_____

5. ¿Cómo es Pancho? Descríbelo por completo: su personalidad, mente, espíritu, carácter, genio, etc.

_____

6. ¿Qué revela de la mentalidad de José Luis el incidente del «bife»? En el fondo, ¿cómo es él?

_____

Actividad C18.18 Relaciona la columna de la izquierda con la columna de la derecha.

1. descalzo
2. repetían
3. canalla
4. descomunal
5. tormentas
6. envejecían
7. retardado
8. constante
9. absurdo
10. impaciente
11. vistas
12. sorbos

a. sin sentido, disparatado
b. desesperado, sin paciencia
c. consistente, sin parar
d. sin zapatos
e. replicaban, decir varias veces
f. atrasado, que llega tarde
g. grandísimo, muy grande
h. se hacían viejos
i. cobarde
j. pequeños tragos
k. películas (Arg.)
l. mal clima

Actividad C18.18a Relaciona la columna de la izquierda con la columna de la derecha.

1. replicó
2. desdichado
3. vigilara
4. enfurecía
5. lujoso
6. correspondencia
7. casamiento
8. erróneos
9. valioso
10. marítimas
11. adelantada
12. atmósfera
13. calificaciones
14. chiquilín
15. reclamaba

a. cuidara
b. se enojaba, se violentaba
c. persona sin fortuna
d. matrimonio
e. comunicación escrita
f. errados
g. muy elegante
h. volvió a decir
i. gases alrededor de la tierra, ambiente
j. notas
k. que cuesta mucho
l. que lleva la delantera
m. pequeñín
n. discutía, pedía
o. relacionadas con el mar

Actividad C18.19 Escribe una oración con cada una de las siguientes palabras o frases.

1. trataba de _____

2. cumplir _____

3. ni siquiera _____

4. apenas _____

5. me hizo notar _____

6. poco a poco _____

7. tenía razón _____

8. tenía ganas de _____

9. a tiempo _____

10. se atrevía a _____

11. un largo rato _____

12. el año que viene _____

13. a la vuelta _____

14. la próxima vez _____

15. de un cuarto a otro _____

16. con claridad _____

17. se convirtió en _____

18. había que _____

19. le duele _____

20. a escondidas _____

Actividad C18.20 Llena el espacio en blanco con cualquier palabra o frase original que sirva para completar la oración. En muchas oraciones hay más de una posibilidad.

1. Ponía la cabeza bajo la almohada _____ oír.

2. No sé _____ lo repetían tanto.

3. Ni siquiera por Pancho fuiste _____ disimular.

4. Sentían mucho desinterés por mí _____ del día.

5. Yo apenas _____ si se fueran los dos.

6. Lo _____ es que no le falte nada.

7. Hace ocho días que el chico _____ y recién hoy pregunta por su padre.

8. Nada de _____ ella decía me convencía.

9. Su vida era demasiado triste _____ se la amargaran más.

10. Yo tenía _____ gritarle que me pasaba las horas enteras solo.

11. Yo no decía nada de miedo a que mamá _____ un bife.

12. Otras veces me recordaba que papá _____ a buscarme.

13. Se alegraba cuando yo _____ el plato más caro del menú.

14. Un domingo de lluvia me llevó al Colón para que _____ a oír cosas lindas.

15. Hasta entonces daba _____ que nada era para mí.

16. En cuanto ingeniero te mando a Nueva York a perfeccionarte.

17. A los postres me anunció su proyecto de _____ casarse.

18. Yo comprendí que ese señor no _____ nunca un chico solo.

19. Para Hernán era un orgullo _____ a mamá: «Me vas a arruinar».

20. «Éste va a volver locas _____ mujeres».

Capítulo 19

Para todos hay, como no arrebaten

Actividad C19.1 Contesta lo siguiente.

1. ¿Conoces en inglés un dicho que se le parezca al de «Para todos hay, como no arrebaten»?

_____

2. ¿Qué significa para ti este dicho? ¿Cómo se pudiera aplicar en tu vida?

_____

Actividad C19.2 Subraya todos los artículos que encuentres en el siguiente relato sobre un triángulo amoroso. Luego identifícalos según las descripciones del modelo.

Modelo: Germán es <u>el</u> novio de Yolanda, <u>la</u> hija mayor de doña Chencha.
<u>el</u> *es el artículo definido masculino singular*
<u>la</u> *es el artículo definido femenino singular*

1. Los novios (Yolanda y Germán) se estaban besando en el bar.

_____

_____

2. Entre las muchas personas que los miraban de cuando en cuando, había cuatro que no los perdían de vista ni por un segundo.

_____

_____

3. Eran los parientes de Yolanda, que la miraban con un miedo que no tenía límites.

_____

_____

4. Porque la Yoli realmente no era la «novia» de Germán sino otra de las muchas conquistas de él, aunque ella ignoraba la existencia de las demás.

_____

_____

5. Y los parientes sabían que el marido de la Yoli (porque era efectivamente una mujer casada por la ley) la andaba buscando para darle el castigo que merecía, y que unos minutos antes un señor que conocía el caso les había telefoneado diciéndoles que Ramón (el marido) ya andaba cerca, porque lo habían visto en la tienda de los Ramírez.

_____

_____

_____

_____

6. En el momento en que entró Ramón, Germán se acababa de echar el último de los muchos tragos que venía tomando toda la tarde. Sin prestarle ni la más mínima importancia, Ramón se sentó en uno de los sillones más apartados de la mesa donde estaban los «novios». Y entonces...

_____

_____

_____

_____

(Termina esta emocionante historia en las líneas que siguen.) Y entonces...

_____

_____

_____

Actividad C19.3 Si la frase está mal escrita (por la contracción o por la falta de ella), subraya la parte que contiene el error y luego corrígelo. (Puede haber más de un error en cada oración.)

1. Jamás han oído hablar del famoso comediante Cantinflas.

2. No me dijeron nada de el carro que habían comprado.

3. Sólo me dijeron que había sido deun señor del Monte, California.

4. Y que ese señor había venido a el pueblo para venderlo.

5. Pero al rato se fue sin despedirse.

6. Y por lo que andan contando, ál le resultó un buen negocio.

7. A él sí, pero a nosotros no, porque al carrucho ese le faltan hasta los frenos.

8. Y dicen que cuando volvió a su pueblo, andaba muy satisfecho de el negocio que había realizado.

9. Estoy leyendo la famosa novela *Lo quel viento se llevó* dela autora estadounidense Margaret Mitchell.

10. Soy de el lugar más conocido de todo el estado de la Florida, una ciudad que se llama Boca Ratón.

Actividad C19.4 Escribe una oración completa con cada una de estas frases o contracciones.

1. del _____

2. al _____

3. de él _____

4. a El _____

5. con él _____

6. a ella _____

7. a el _____

8. de la _____

Actividad C19.5 Da el género de los siguientes sustantivos—«masculino» o «femenino»—y luego explica por qué son del género que indiques. (En tu explicación, usa las frases «género natural» y «género artificial» y refiérete a las terminaciones.)

Modelo: ridiculez   «*Se dice* <u>la</u> *ridiculez.*
Es género artificial y es del género femenino porque termina en -ez.»

1. señor _____

2. sombra _____

3. hollín _____

4. reivindicación _____

5. ataque _____

6. mujer _____

7. barbero _____

8. problema _____

9. cama _____

10. emoción _____

11. bistec _____

12. quebrantapiedras _____

13. servidumbre _____

14. alce _____

15. referéndum _____

16. volcán _____

17. padre _____

18. doctora _____

19. mal _____

20. rosbif _____

21. artículo _____

22. colitis _____

23. libertador _____

24. vermut _____

25. estupidez _____

26. emperatriz _____

Actividad C19.6 Haz dos listas: una lista de veinte palabras de género masculino que tú usas con frecuencia, y otra lista de veinte palabras de género femenino que usas frecuentemente. Luego usa cada una en una oración.

Palabras de género masculino

1. _____   11. _____
2. _____   12. _____
3. _____   13. _____
4. _____   14. _____
5. _____   15. _____
6. _____   16. _____
7. _____   17. _____
8. _____   18. _____
9. _____   19. _____
10. _____   20. _____

Palabras de género femenino

1. _____
2. _____
3. _____
4. _____
5. _____
6. _____
7. _____
8. _____
9. _____
10. _____

11. _____
12. _____
13. _____
14. _____
15. _____
16. _____
17. _____
18. _____
19. _____
20. _____

Actividad C19.7 Escribe el *artículo definido* y el *artículo indefinido*—singulares o plurales según el caso—correspondientes a cada uno de estos sustantivos.

Modelo: <u>las</u> águilas   <u>un</u> águila

1. _____ acontecimientos   _____ acontecimientos
2. _____ arena   _____ arena
3. _____ artículo   _____ artículo
4. _____ alumnos   _____ alumnos
5. _____ asambleas   _____ asambleas
6. _____ arma   _____ arma
7. _____ armas   _____ armas
8. _____ amigos   _____ amigos
9. _____ arroyos   _____ arroyos
10. _____ aguas   _____ aguas
11. _____ hacha   _____ hachas
12. _____ aldea   _____ aldeas
13. _____ alarma   _____ alarma
14. _____ avisos   _____ avisos
15. _____ aventuras   _____ aventuras
16. _____ abrigo   _____ abrigo
17. _____ audacia   _____ audacia
18. _____ alas   _____ alas
19. _____ hambre   _____ hambre

Actividad C19.8 En el espacio en blanco, escribe la forma correcta del *artículo (definido o indefinido)* según lo que requiera el contexto.

1. Mi hermano mayor vive _____ capital en San Juan de Puerto Rico.

2. _____ cólera es una enfermedad que estaba casi extinguida.

3. _____ cura bautizó a la niña en la iglesia.

4. Vete a buscar su número en _____ guía.

5. El padre pertenecía a _____ orden de los franciscanos.

6. _____ Papa no comió _____ papa, según me ha dicho papá.

7. Dicen que _____ pez se quedó atascado en _____ pez y no pudo escapar.

8. Tengo _____ radio en casa pero casi nunca lo prendo.

9. _____ guía no pudo leer _____ guía porque alguien le había robado los lentes, estando él en Laredo.

10. Mi hermana se compró _____ pendientes que combinaban tan bien con su nuevo vestido.

Actividad C19.9 Pluraliza cada uno de los sustantivos de la siguiente lista y luego usa los sustantivos pluralizados para escribir oraciones originales.

Modelo: gato <u>gatos</u> *Mi abuelo tiene 39 gatos en su casa.*

padre _____	tesis _____	club _____
solución _____	tamal _____	bar _____
casa _____	cárcel _____	refrigerador _____
revólver _____	huésped _____	sociedad _____
navaja _____	red _____	pez _____
apendicitis _____	chofer _____	oasis _____

Actividad C19.10 La comprensión. Escribe tu respuesta a cada una de estas preguntas sobre el contenido del cuento.

1. ¿Quién es Constantino y quién es Benita?

_____

2. ¿Cómo es Benita? ¿Cómo reaccionan los hombres del pueblo cuando la ven? ¿Cuál es la reacción de las mujeres?

_____

_____

3. ¿Qué le propone Constantino a Benita para la noche de la fiesta?

_____

4. Describe lo que «era parte de la costumbre y del juego en el amor» de aquel pueblo la noche de su fiesta.

_____

5. ¿En qué se gastaban los ahorros de todo un año?

_____

6. En diferentes partes del relato «se escucha la marimba» o «se escudriña la música». ¿Por qué? ¿Qué pretende lograr la gente haciendo eso?

_____

_____

7. ¿Qué llevaba Benita la noche de la fiesta? ¿Cómo se veía?

_____

8. ¿Cuál es la función de «los cohetes» la mañana después de la noche de la fiesta?

_____

9. ¿Qué deseó ser Benita cuando amaneció en casa de Constantino y qué hizo realmente?

_____

10. ¿Por qué Constantino se había ido «en busca de sus amigos»?

_____

11. ¿Cuál fue el verdadero motivo del asesinato de Constantino?

_____

12. ¿Qué se dijo en el velorio de Constantino?

_____

13. ¿Cuál es el significado de lo que se describe comenzando con las palabras «Pero también [Benita] soltó la risa cuando se vio navegando... » hasta el final de ese párrafo?

_____

14. ¿Quién se acerca a la casa de Benita y qué propone?

_____

15. ¿Cómo reacciona Benita a la propuesta del «hombre de más edad» y qué termina haciendo ella después?

_____

Actividad C19.11 Escribe tu respuesta a cada una de estas preguntas de interpretación filosófica.

1. ¿Tuvo Benita la culpa de lo que le pasó? Explica tu punto de vista.

   _____

2. ¿Hasta qué punto son (o no son) libres los habitantes del pueblo de Benita? Explícate.

   _____

3. ¿Qué pudiera haber hecho Benita en vez de escaparse de su casa e irse de cantinera y prostituta? ¿Qué consejos le darías tú?

   _____

   _____

4. ¿Qué pudieran haber hecho los padres de Benita para evitar la tragedia?

   _____

Actividad C19.12 Relaciona la columna de la izquierda con las palabras de la derecha.

1. anual   _____ se obliga a obedecer
2. ecos   _____ el robo
3. luciendo   _____ cada 12 meses
4. venado   _____ escapes
5. anzuelo   _____ recipiente para líquidos
6. cántaro   _____ instrumento de pesca
7. negándose   _____ retumbo de sonido
8. huyas   _____ viéndose bien
9. el rapto   _____ animal cuadrúpedo
10. hacer valer   _____ desistir, decir que no

Actividad C19.13 Relaciona la columna de la izquierda con las palabras de la derecha.

1. los ahorros   _____ la tierra
2. espiando   _____ persona que sirve en una cantina
3. rival   _____ sagacidad
4. vivacidad   _____ agujero en la tierra, pasaje subterráneo
5. el motivo   _____ poner bajo tierra
6. enterraron   _____ dinero que alza uno
7. la orilla   _____ ver a escondidas
8. un túnel   _____ la razón
9. cantinera   _____ el filo, el borde
10. el polvo   _____ contrincante

Actividad C19.14 Escribe una oración con cada una de las siguientes palabras o frases.

1. adornos _____

2. estrenan _____

3. persiguen _____

4. rumbo a _____

5. para que _____

6. volvería _____

7. dejarse llevar _____

8. como si _____

9. se le acercaba _____

10. en busca de _____

11. digna _____

12. me haré _____

Capítulo 20

Abracadabra, patas de cabra, que la puerta se abra

Actividad C20.1 Contesta lo siguiente.

1. ¿Conoces en inglés un dicho que se le parezca al de «Abracadabra, patas de cabra, que la puerta se abra»?

   _____

2. ¿Qué significa para ti este dicho? ¿Cómo se pudiera aplicar en tu vida?

   _____

Actividad C20.2 Llena los espacios en blanco con la terminación apropiada para cada adjetivo.

Modelo: El mesero húngar<u>o</u> nos trajo un exquisit<u>o</u> plato típic<u>o</u>.

1. La hermos ____ melodía fue tocad ____ por los músicos italian ____.
2. El ratero list ____ siempre roba más que el ratero perozos ____.
3. El policía astut ____ supo atrapar ocho rateros aleman ____ la última vez que dio una vuelta por el parque nuev ____.
4. La pobr ____ muchacha dominican ____ llegó a Nueva York sin un sol centavo en su bolsa raíd ____, pero con much ____ ganas de triunfar en su nuev ____ vida.
5. Los elefantes african ____ son más inteligent ____ que los grand ____ lagartos del extrem ____ sur de Luisiana.
6. Tres trist ____ tigres se tragaron tod ____ los tamales tentador ____ del teniente trigueñ ____ Tomás Trillo Terrazas.

Actividad C20.3 Llena los espacios en blanco con la forma correcta de cualquier adjetivo que describa el sustantivo que lo acompaña.

1. A las seis de la mañana se levantó una chica _____, se puso su

   vestido _____ y bajó a comer un desayuno _____.

2. La casa donde vivía era _____ y _____ con unos cuartos

   totalmente _____ donde nadie entraba nunca.

3. Según una leyenda del barrio, en uno de los cuartos vivía un _____

   vampiro _____.

4. Bueno, a eso de las siete, cuando la chica _____ estaba para ir a su trabajo,

   ese _____ vampiro rápidamente bajó las escaleras y agarró a

   la _____ chica junto a la puerta _____.

5. La agarró de las _____ manos y le mordió el _____ cuello

   (o pescuezo, como seguramente lo llamaría él) y le dijo con una voz _____:

6. «Siempre he querido darte una _____ mordida porque

   eres _____, _____, _____ y también

   muy _____ y así me gustan. Espero que sobrevivas esta experiencia

   tan _____ y que no llegues tarde a tu trabajo».

Actividad C20.4 Cada oración tiene por lo menos un error. Encuentra todos los errores y corrígelos, escribiendo la oración correctamente en la línea.

1. *Cualquiera día de éstos, este bueno cerdo nos comerá a todos.

   _____

2. *Está enojado con nosotros por el malo tratamiento que le hemos dado.

   _____

3. *La primer vez que le di una patada, el grande cerdo no hizo nada.

   _____

4. *Pero ya la tercer vez hasta trató de morderme la pierna.

   _____

5. *Ahora por ninguno motivo me meto en su pocilga aunque me dieran ciento dólares.

   _____

Actividad C20.5 Escribe las siguientes oraciones en español.

1. This good dog of mine was going to chew on 100 large bones.

   _____

2. The first bone had meat; the third bone didn't.

_____

3. The fourth bone poisoned him and he almost died, but now he's fine.

_____

4. Tomorrow I'll buy my dog some kind of toy to play with.

_____

Actividad C20.6 Haz una lista de veinte adjetivos—cualesquiera que sean—y luego escribe una pequeña composición en la que los uses todos. El tema de la composición será el que tú escojas.

Tu lista

_____	_____	_____	_____	_____
_____	_____	_____	_____	_____
_____	_____	_____	_____	_____
_____	_____	_____	_____	_____

Tu composición

_____

_____

_____

_____

_____

_____

_____

_____

_____

_____

_____

_____

_____

_____

_____

_____

_____

Actividad C20.7 Escribe en la línea de la derecha lo siguiente para identificar los demostrativos.

DD = demostrativo determinante

DP = demostrativo pronominal

DPN = demostrativo pronominal neutro

   Modelo: Inocencio ya no vive en esa <u>DD</u> casa sino en aquélla <u>DP</u> .

1. De todas las cosas que me enseñaste, ésta _____ es la que más me gusta.

2. Esa _____ casa que estaba en la esquina se veía muy arruinada.

3. ¿Ves a ese _____ chico que camina por ahí? Él es muy bueno, pero aquél _____ que lo acompaña es el mismo diablo.

4. «Pues me llevo éste _____ y éste _____ y dos de ésos _____ y tres de aquéllos _____ y también cuatro de esos _____ azules y cinco de aquéllos _____», le dijo la millonaria al pobre dependiente.

5. «¡Y esta _____ historia no es la única! ¿Te acuerdas de aquélla _____ que me contó la comadre Chencha? Bueno, yo no sé, y no soy una chismosa, pero...»

6. Eso _____ no tiene sentido. Vamos a proceder de otra manera.

7. «¡Te digo que ésta _____ es la última vez que entra ese _____ delincuente juvenil en nuestra casa!», gritó Pánfilo Pantaleón, el papá de Pepina.

8. Te digo que esto _____ es algo que siempre me ha parecido mal.

Actividad C20.8 Escribe una oración completa con cada una de las siguientes palabras.

1. ésta _____

2. esta _____

3. estos _____

4. éste _____

5. este _____

6. está _____

7. aquello _____

8. ése _____

9. aquél _____

10. aquellas _____

11. aquéllas _____

12. esto _____

Actividad C20.9 La comprensión. En las líneas en blanco que siguen, escribe tu respuesta a cada una de estas preguntas sobre el contenido del relato.

1. ¿Dónde tienen sus viviendas los trabajadores agrícolas mexicanos? ¿Dónde está localizado el sitio en el que trabajan?

_____

2. ¿Por qué se han venido a Estados Unidos a trabajar?

_____

3. ¿Cuáles fueron las causas de la muerte de varios trabajadores del naranjal, según cuenta la leyenda?

_____

4. ¿Cuánto tiempo lleva Juanrobado en la pizca de naranjas?

_____

5. Si los trabajadores no entraron legalmente al país, ¿por qué no los recoge la «migra»?

_____

6. ¿Cómo es Juanrobado físicamente y de carácter?

_____

7. Según sus compañeros que hablan en broma, ¿cómo llegó Juanrobado a Arizona?

_____

8. ¿Qué le escribe a Juanrobado su esposa de Lucita, su hija? ¿Qué tiene? ¿Qué quiere que le traiga Juanrobado de regreso? ¿Por qué urge que regrese lo antes posible?

_____

9. ¿En qué soñaba despierto Juanrobado esa misma noche en que recibió la carta?

_____

10. ¿Qué concepto tenía Juanrobado de su vida y del estado socioeconómico que le ha tocado?

_____

11. ¿Qué decisión toma Juanrobado después de recibir la carta?

_____

12. Si Juanrobado trabajó durante un mes en el naranjal y si al dejar el trabajo lleva $150 (además de los $50 que ya le había mandado a la esposa), ¿cuánto le habrán pagado por hora? ¿Está contento Juan con lo que ganó? ¿Por qué?

_____

_____

13. ¿Qué ve Juanrobado en sueños desde su «alfombra mágica»? ¿Cómo se compara lo que ve Juan «desde arriba» con lo que vio y experimentó al viajar a Arizona desde Michoacán?

_____

_____

14. Estando Juanrobado en la ciudad fronteriza, ¿de qué se acuerda súbitamente y adónde resuelve ir?

_____

15. ¿Qué le dice la empleada mexicoamericana y cómo reacciona Juan a sus palabras?

_____

16. ¿Por qué mueven la cabeza algunos clientes de la tienda, creyendo que está loco Juan?

_____

17. ¿En qué piensa Juanrobado mientras cruza la línea fronteriza? ¿Cómo se siente al poner pie otra vez en México?

_____

_____

18. ¿Cómo se viste el celador y qué impresión causa?

_____

19. ¿Cómo trata el celador a Juanrobado? ¿Qué le hace y por qué? ¿Cuál es la reacción de Juan? ¿Qué sucede después?

_____

_____

Actividad C20.10 En las líneas en blanco que siguen, escribe tu respuesta a cada una de estas preguntas de interpretación filosófica.

1. ¿La muñeca que lleva Juanrobado es muñeca de contrabando en realidad? ¿Por qué se la quita el celador?

_____

_____

_____

2. Juanrobado no protestó por la confiscación de la muñeca, pero sí podría haber hecho algo. ¿Qué podría haber hecho? Menciona por lo menos dos posibles alternativas. (No se tiene que limitar precisamente a las más legales.)

_____

_____

_____

3. Las conclusiones filosóficas de este relato («esclavos fueron sus padres, esclavos sus abuelos y esclavos todos aquéllos que habían plantado las raíces de su ser en el tiempo»; «Sabía… que también él era esclavo y que sus descendientes rodarían a su vez por la pendiente del dolor, la ignorancia y el desamparo») son extremadamente pesimistas y hasta fatalistas. ¿Estás de acuerdo con eso de que como todo ya está determinado de antemano, «la vida no vale nada porque todo lo puede el destino» y lo que hay que hacer es escaparse de la dura realidad por medio de sustancias ilegales u otras cosas? ¿O crees que hasta un pobre peón como Juanrobado puede cambiar «su destino» y progresar algo en la vida? ¿Qué recomendarías exactamente que hiciera Juan para salir de la miseria? ¿Qué pasos podría tomar?

_____

_____

_____

Actividad C20.11 Relaciona la columna de la izquierda con la columna de la derecha.

1. viviendas   _____ sale el sol

2. resguardan   _____ canastos

3. ajenas   _____ extractos

4. contentar   _____ casas

5. patria   _____ cuidan

6. soldaderas   _____ mujeres que trabajan como soldados

7. múltiples   _____ que no le pertenecen a uno

8. jugos   _____ su país

9. cestos   _____ diversos

10. amanece   _____ hacer feliz

Actividad C20.12 Relaciona la columna de la izquierda con la columna de la derecha.

1. te chorrea   _____ ponerse un atuendo, disimular

2. prieto   _____ sin fuerza, sin protección

3. desvalido   _____ que le da lo mismo

4. parranda   _____ difícilmente

5. huérfano   _____ se separaba

6. trabajosamente   _____ te escurre

7. se desprendía   _____ borrachera

8. indiferencia   _____ sin padres

9. disfrazada   _____ pobreza extrema

10. miseria   _____ moreno

Actividad C20.13 Relaciona la columna de la izquierda con la columna de la derecha.

1. descendientes   _____ atacar con bombas

2. desamparo   _____ pierden

3. animalescas   _____ dañaran

4. alimenticios   _____ ancestros

5. extravían   _____ con caracteristicas de animales

6. bombardean   _____ sin protección, abandono

7. lastimaran   _____ no hacen caso

8. ignoran   _____ ligero

9. leve   _____ rareza

10. extrañeza   _____ nutritivos, para comer

Actividad C20.14 Relaciona la columna de la izquierda con la columna de la derecha.

1. inmensidad   _____ mira con detenimiento

2. contempla   _____ se perpetuan

3. a plenitud   _____ sucio

4. se eternizan   _____ grandiosidad

5. mugroso   _____ cerca de la línea divisoria

6. fronteriza   _____ grandeza, con libertad

7. decapitada   _____ con abuso, prepotente

8. detendrán   _____ ganador

9. victorioso   _____ pararan

10. autoritaria   _____ sin cabeza

Actividad C20.15 Escribe una oración con las siguientes palabras.

1. debajo de _____

2. como si _____

3. sin que _____

4. de continuo _____

5. se hizo _____

6. se la lleva _____

7. insiste en que _____

8. vale más _____

9. por más que _____

10. hasta que _____

11. dueño de _____

12. antes de _____

13. lo que _____

14. en vano _____

15. se acerca _____

16. tan... como _____

Actividad C20.16 Llena el espacio en blanco con cualquier frase original que sirva para completar la oración. En muchas oraciones hay más de una posibilidad.

1. Ellos trabajan a sus cuerpos como si _____ de máquinas ajenas, para _____ al perro que _____ vigila y merecer así los billetes _____ les otorga el gringo.

2. Lucita no hace _____ que recordarte, insiste en que le _____ una muñeca rubia _____ ojos azules que _____ «mamá».

3. Ahora _____ la inversa va Juanrobado con _____ a la frontera porque es de una fortuna: 150 dólares que _____ arrancó al áureo océano a de jornadas.

4. Arriba en el cielo no _____ sufre hambre ni punza el egoísmo de _____ ignoran la desgracia _____.